Bello Oben' Umar

Wayfinding em edifícios de vários andares

Bello Oben' Umar

Wayfinding em edifícios de vários andares

Um estudo de caso do Edifício do Senado, Universidade Ahmadu Bello

ScienciaScripts

Cover image: www.ingimage.com

This book is a translation from the original published under ISBN 978-620-2-06743-0.

Publisher:
Sciencia Scripts
is a trademark of
Dodo Books Indian Ocean Ltd. and OmniScriptum S.R.L publishing group

120 High Road, East Finchley, London, N2 9ED, United Kingdom
Str. Armeneasca 28/1, office 1, Chisinau MD-2012, Republic of Moldova, Europe
Printed at: see last page
ISBN: 978-620-7-93940-4

ÍNDICE DE CONTEÚDOS

DEDICAÇÃO

A todos os que foram vítimas de incêndios em edifícios, que perderam a vida ou sofreram ferimentos.

RECONHECIMENTO

Agradeço a Deus Todo-Poderoso, o Clemente, o Misericordioso, a Quem pertence o domínio e os louvores pelo dom da vida, pela Sua orientação e proteção ao longo de toda a minha vida até agora. Estou-lhe muito grato por ter tornado este projeto uma realidade.

A minha profunda gratidão e apreço vai para a minha supervisora, Dra. J. J. Maina, pela sua orientação, imensas contribuições e críticas construtivas. Este projeto teria sido impossível sem a sua inspiração. A minha maior dívida vai para todos os professores do Departamento de Arquitetura pelos seus exercícios e orientação.

As palavras são inadequadas para exprimir o meu agradecimento sem reservas aos meus pais, Dr. U. D. Mohammed (Walin Eggon) e Hajiya Hayfa Mohammed, pelo seu amor, orações, apoio moral e financeiro ao longo da minha vida. Estou-lhes eternamente grata, que Alá, na sua infinita misericórdia, lhes conceda Al-Jannah Firdaus. Os meus irmãos Madina, Farida, Aminu e Nasir merecem um agradecimento especial pelas suas orações, apoio e encorajamento.

Gostaria de agradecer às seguintes pessoas pela sua ajuda, de várias formas, para a conclusão bem sucedida deste trabalho: Abba Abdulazeez, Sr. Abdussalam (OC, Edifício do Senado), Ahmad Al-Mustapha, Ahmed Ishaq Ningi, Adamu Uba, Dorothy Etuh, Ikram Bello, Jerry Moses, Michael Audu, Muhammadu Bello Tunau Jr., Yakubu Shinga e Zainab Makarfi. Estou particularmente grato à Lambert Academic Publishing por ter depositado uma confiança colectiva na minha capacidade de realização e por me ter proporcionado uma via para apresentar o meu trabalho a um público mais vasto.

A lista das pessoas que foram amáveis comigo em termos de assistência valiosa é demasiado longa. No entanto, os seguintes nomes merecem uma menção especial: Alh. Ibrahim Shehu Usman, Danladi Halilu (Esq.), Major-General A. T. Umaru (Rtd), Alh. Mohammed Abbas, Brigadeiro-General M. I. Tsiga (Rtd), Alh. Isiyaku Abdullahi, Justice Yusuf Halilu, Alexandra Kaslong, Nda Kaslong, Col. M.A. Abdullahi, Sr. Umar Abdullah, Arc. Yunana Abimiku, Alh. Abdullahi Abdulkadir, Mohammed Alizaga, Ahmed Halilu, Abdulkareem Abdurrazaq, Kabiru Aliyu, Kamal Tsiga, Mansur Abdussalam, Sadiq Mohammed e Aminu Kagara.

A minha maior dívida e gratidão vai para todos os meus amigos e colegas de turma pela sua ajuda, companheirismo e tempo. Que Alá todo-poderoso os abençoe a todos e preserve a nossa amizade.

B. O. Umar

ABREVIATURAS

ABU: Ahmadu Bello University.

IV: Integration Value.

PE: Passini Era.

PoPE: Post Passini Era.

PrePE: Pre Passini Era.

VGA: Visibility Graph Analysis.

US: United States.

RESUMO

Ao longo dos anos, os edifícios de escritórios com vários pisos foram construídos em grande número e de forma desordenada, criando ambientes complexos cuja navegação desafia e frustra os visitantes, especialmente em situações de emergência de incêndio, em que o pânico induz a debandada de multidões, resultando em mortes (Hajibabai et al., 2006). Foi realizado um inquérito por questionário para encontrar formas eficazes de gerir a informação para melhorar o desempenho da orientação em situações de emergência e foi efectuada uma análise gráfica da visibilidade (VGA) para encontrar a relação entre as características físicas e a informação codificada. A investigação sobre a orientação em edifícios com vários níveis tornou-se ainda mais pertinente na Nigéria após a vaga de insegurança registada nos últimos anos. Para o efeito, este estudo investiga a relação entre as características de orientação da literatura no Edifício do Senado, na Universidade Ahmadu Bello de Zaria. Este edifício foi escolhido para este estudo pioneiro por ser o edifício administrativo mais alto e de topo da instituição. Os resultados do inquérito revelam que os orientadores concordam de forma neutra com os instrumentos e sistemas de orientação no Edifício do Senado como seus guias de navegação. A execução de VGA nas plantas do Edifício do Senado mostra a forte interdependência entre as características físicas e a informação codificada como sistemas de orientação. Estas conclusões revelam por que razão as pessoas terão dificuldade em evacuar o edifício do Senado em caso de emergência de incêndio.

1 INTRODUÇÃO

1.1 INTRODUÇÃO

Este capítulo apresenta uma introdução a esta investigação, que se centra na necessidade de identificar e resolver os problemas de orientação durante situações de emergência em ambientes de escritórios com vários níveis. Os antecedentes da investigação foram discutidos em primeiro lugar, seguidos da declaração do problema. As finalidades e os objectivos da investigação são apresentados antes das questões de investigação, da justificação, do âmbito da investigação e de um breve resumo da abordagem metodológica adoptada para esta investigação. Os resultados esperados da investigação são apresentados por último.

1.2 CONTEXTO DO PROBLEMA

Um grande número de edifícios de escritórios com vários pisos desenvolveu-se ao longo dos anos de forma desordenada, dando origem a ambientes complexos constituídos por sistemas de corredores longos e confusos, com curvas, contracurvas e sinais confusos (Rooke, 2012). Este cenário prevalecente tem desafiado e frustrado os visitantes, especialmente em situações caóticas em que os seres humanos tendem a exibir a sua forma mais desastrosa de comportamento coletivo: a debandada de multidões induzida pelo pânico, que muitas vezes resulta em fatalidades, uma vez que as pessoas são pisadas ou esmagadas (Hajibabai et al., 2006). Os utilizadores de edifícios que mais sofrem neste tipo de situações são os inexperientes (Holscher e Brosamle, 2007), uma vez que o seu conhecimento sobre os percursos de navegação em torno do edifício é reduzido em comparação com o dos visitantes ocasionais e do pessoal/trabalhadores do edifício.

A maioria dos projectistas dá pouca prioridade à orientação, vendo-a como um obstáculo a uma boa conceção ou um problema a resolver com sinalética (Carpman e Grant, 2002). Considerando a influência da orientação na psicologia humana e na satisfação dos ocupantes, a negligência dos projectistas em relação à orientação reduziu a capacidade de inclusão dos edifícios para todos (Hunter, 2010).

A maior parte das vezes, as pessoas culpam-se a si próprias pela falta de discernimento e de capacidade de tomar decisões rápidas para navegar em ambientes complexos (Arthur e Passini, 1992). No entanto, vários académicos (por exemplo, Haq e Zimring, 2003; Baskaya et al, 2004) transferem a culpa dos orientadores para os projectistas. Afirmam que perder-se é uma indicação de má conceção dos edifícios ou dos sistemas de orientação destinados a servir de guias às pessoas.

1.3 DECLARAÇÃO DO PROBLEMA

A tarefa tediosa e frustrante de encontrar o caminho, no menor tempo possível, para sair em segurança de edifícios de vários andares durante emergências de incêndio é o problema identificado. Isto aplica-se ao Edifício do Senado, A.B.U. Zaria, sendo o edifício mais alto e o edifício administrativo da universidade, que recebe numerosos visitantes oficiais e novos utilizadores que podem não conhecer as vias de evacuação, especialmente com os portões do rés do chão bloqueados devido à segurança e à posição oculta das escadas na maioria dos pisos.

1.4 AIM

O objetivo desta investigação é identificar e melhorar os métodos de conceção de sistemas de orientação e de edifícios com espaços legíveis e desenvolver estratégias para a evacuação de edifícios com vários níveis durante emergências de incêndio, utilizando o Edifício do Senado, A.B.U. Zaria como um estudo de caso.

1.5 OBJECTIVOS

Os objectivos específicos desta investigação incluem;

- Compreender os conceitos de wayfinding e de edifícios com vários níveis a partir da literatura.

- Desenvolvimento de um quadro/metodologia para avaliar a relação entre as características físicas de edifícios com vários pisos e a informação codificada de orientação.

- Avaliação da relação entre as características físicas de edifícios com vários pisos e a informação codificada de orientação no Edifício do Senado, A.B.U. Zaria.

- Desenvolvimento de orientações genéricas para melhorar a orientação em edifícios públicos com vários níveis para projectos de arquitetura.

1.6 QUESTÕES DE INVESTIGAÇÃO

- Dispomos de formas eficazes de gerir a informação para melhorar o desempenho da sinalização em situações de emergência?

- Existe uma relação entre as características físicas dos edifícios e as informações codificadas de orientação?

1.7 JUSTIFICAÇÃO

As evidências recolhidas na literatura sobre sinalização de caminhos apontam para o facto de a maioria dos sistemas de sinalização de caminhos em edifícios de escritórios com vários pisos depender fortemente de informações codificadas e da prática social comum de dar indicações de boca em boca, dentro e fora de situações de emergência (Rooke, 2012). Estas evidências também mostram que ocorreram vários acidentes em resultado da falta de compreensão da informação e das orientações genéricas, bem como da má conceção e planeamento dos edifícios e dos sistemas de orientação.

Pouca atenção é dada ao papel desempenhado pelas propriedades físicas do próprio ambiente na comunicação de informações de orientação aos seus visitantes (Arthur e Passini, 1992).

Este projeto de investigação fornece uma visão sobre o papel inestimável de uma conceção e planeamento adequados dos edifícios de forma a reduzir os numerosos problemas associados à orientação em edifícios com vários níveis, utilizando o Edifício do Senado, A.B.U. Zaria como um estudo de caso.

1.8 ÂMBITO DE APLICAÇÃO

Este projeto de investigação limita-se às estratégias de orientação relacionadas com edifícios de vários andares durante emergências de incêndio, com interesse específico no Edifício do Senado da Universidade Ahmadu Bello de Zaria. Isto deve-se ao facto de o edifício do Senado ser o edifício mais alto, com o maior número de pisos e o que recebe o maior número de visitantes oficiais, sendo o edifício administrativo da universidade.

1.9 MÉTODO DE INVESTIGAÇÃO

Este projeto de investigação é orientado para a prescrição. Por conseguinte, será utilizada a abordagem de investigação de método misto (uma combinação dos métodos qualitativo e quantitativo) para realizar a investigação. O método qualitativo será utilizado para identificar e descrever o problema de investigação, enquanto o método quantitativo será utilizado para testar a eficácia das estratégias e soluções sugeridas para o problema.

1.10RESUMO

Este capítulo apresenta uma introdução à investigação apresentada nesta tese, começando com os antecedentes da investigação. Foi salientada a necessidade de identificar e estabelecer estratégias eficazes de orientação em edifícios com vários níveis. Foram discutidos os objectivos, as questões de investigação, a justificação, o âmbito e a metodologia de investigação a adotar para a investigação. O capítulo seguinte apresenta uma revisão pormenorizada da literatura.

2 REVISÃO DA LITERATURA

2.1 INTRODUÇÃO

A revisão da literatura tem um papel indispensável e inestimável na investigação. Estes papéis têm sido salientados por muitos. Kulatunga (2008) afirma que assegura que os conhecimentos dos investigadores numa área temática selecionada estão actualizados e que não estão a reinventar a roda. Randolph (2009) observa que ajuda a delimitar o problema de investigação e também ajuda a obter conhecimentos metodológicos. Mohammed e Aina (2014) vêem-na como uma ajuda para afinar o foco da investigação. Segundo eles, ajuda a identificar o método adequado para investigar os problemas de investigação.

A revisão da literatura para este estudo teve como principal objetivo avaliar até que ponto os objectivos do estudo poderiam ser abordados e se isso levaria a uma identificação eficaz dos problemas de orientação e ao desenvolvimento de soluções para esses problemas identificados. Para tal, foi utilizado o apuramento de factos sobre o atual nível de desenvolvimento no domínio da orientação, com especial incidência nos desenvolvimentos históricos, na importância de uma boa conceção da orientação e nas soluções que têm sido desenvolvidas ao longo do tempo.

Este capítulo é composto por cinco partes. A primeira parte apresenta um resumo dos principais desenvolvimentos históricos no domínio da orientação. Analisa de perto o que dizem os académicos e os especialistas sobre as boas concepções de orientação. Esta parte também destaca as metodologias adoptadas por estudos semelhantes no domínio da orientação. A segunda parte descreve sucintamente os edifícios com vários níveis; a sua evolução, utilizações típicas, vantagens e problemas associados ao seu funcionamento e utilização. A terceira parte apresenta uma breve discussão sobre as emergências de incêndio e a sua relação com a orientação. A quarta parte apresenta uma avaliação da medida em que a revisão fornece respostas às questões de investigação. O capítulo termina com uma discussão das principais conclusões e um resumo.

2.2 ENCONTRO DE CAMINHO

Embora exista uma grande quantidade de literatura, a palavra "wayfinding" foi utilizada pela primeira vez por Lynch em 1960. Os interesses de pessoas de diferentes áreas (por exemplo, profissionais da construção, investigadores académicos, utilizadores de edifícios, etc.) continuaram a ser captados por este tema (Rooke, 2012). Embora apenas os psicólogos cognitivos e ambientais se tenham preocupado durante muito tempo com o wayfinding, este está a tornar-se mais proeminente no campo do design. O interesse pela orientação parece estar a ser unificado em resultado da necessidade premente de encontrar soluções mais eficazes que vão além da prática normal de utilização de sinais e da necessidade de compreender como os orientadores realizam a tarefa de encontrar o seu caminho dentro, sobre e fora dos edifícios.

Investigadores notáveis utilizaram diferentes metodologias para realizar estudos no domínio da orientação. Hajibabai et al (2006) utilizaram uma simulação do comportamento humano baseada em agentes. Os autores utilizaram modelos ricos que são capazes de representar parcialmente o complexo comportamento humano em situações de emergência de incêndio. Baskaya, Wilson e Ozcan (2008) descobriram que o desempenho da orientação estava correlacionado com o desempenho em tarefas de mapa de esboço e respostas a questionários sobre dois edifícios que utilizaram como cenários para a sua experiência. Rooke (2012) utilizou a metodologia Design Science Reasearch (DSR) e mostrou como a investigação tinha sido complementada com sucesso pela abordagem etnologicamente informada da Adequação Única, afirmando que se trata de uma abordagem de investigação para a resolução de problemas, cuja preocupação é a conceção de artefactos de valor/utilidade. O autor concorda com os académicos (por exemplo, March e Smith, 1995; Gregor, 2002; Vaishnavi e Kuechler, 2008; March e Storey, 2008) que esta abordagem produz resultados inestimáveis sob a forma de modelos, métodos, construções, instanciações e teorias. Rooke (2012) observa ainda que, para além da observação no mundo real de estratégias comuns de orientação, a abordagem permite uma avaliação pós-ocupação aprofundada dos sistemas de orientação no seu estudo de caso principal do Salford Royal Hospital.

2.2.1Evolução histórica da sinalética

Os desenvolvimentos em matéria de orientação dividem-se em três épocas que se intersectam: a Era Pré-Passini (PréPE), de 1960 a 1970, a Era Passini (PE), de finais da década de 1970 a 1990, e a Era Pós-Passini (PoPE), de meados da década de 1990 até à data. A primeira era testemunhou o início e a concetualização do wayfinding. Foi dominada por pensadores (por exemplo, Lynch 1960; Downs e Stea 1973, 1977; Kaplan 1976; Siegel e White 1975) que estavam interessados em estudar a estrutura cognitiva responsável pelo processamento de informação. A orientação é explicada e compreendida em termos de mapas cognitivos e de orientação espacial. A PE (segunda) era caracterizada por conceitos de orientação avançados através do alargamento do conceito de orientação espacial. Esta era foi liderada por pensadores (por exemplo, Passini 1977, 1984, 1996, Wiesman 1981, Arthur e Passini 1992) que estavam interessados em estudar o dinamismo do espaço humano. A orientação foi compreendida e explicada em termos de resolução de problemas espaciais. A terceira era assiste a uma aplicação extensiva de conceitos existentes sem introduzir nada de novo em termos de concetualização. A era foi dividida em duas: ***pró-Passinis*** (por exemplo, Carpman e Grant 2001, Huelat 2004, Brandon 2008, Rooke et al. 2010) e ***pró-cognitivistas*** *(por exemplo,* Golledge 1999, Raubal 2001, Haq e Zimring 2003, Holscher et al 2005). Segue-se uma análise pormenorizada dos desenvolvimentos em cada época;

O termo "wayfinding" foi utilizado pela primeira vez por Lynch (1960), que se referiu a mapas, números de ruas, sinais de direção, etc. como dispositivos de "way-finding". Lynch pediu a residentes de quatro cidades dos Estados Unidos que desenhassem de memória esboços de mapas de diferentes cidades. Ao comparar os mapas de esboço com o traçado real de cada cidade, descobriu que os inquiridos organizavam as suas imagens da cidade utilizando um conjunto de imagens e características comuns, como caminhos, pontos de referência, regiões, arestas e nós. O seu trabalho, que é visto por muitos como fundamental na forma como compreendemos os ambientes, baseou-se no conceito de orientação espacial e no seu pré-requisito, o mapa cognitivo (Arthur e Passini, 1992). Lynch argumentou que as cinco características-chave: caminhos, pontos de referência, regiões e nós são os principais componentes dos mapas cognitivos (Appleyard, 1969; Francescato e Mebane, 1973).

O conceito de wayfinding só ganhou proeminência na década de 1970, quando passou a ser encarado como orientação espacial (Arthur e Passini, 1992). Investigadores como Downs e Stea (1973, 1977) e Kaplan (1976) faziam parte dos pensadores que concordavam com a teoria de que as pessoas formam 'mapas cognitivos' do seu meio envolvente, adquirindo, armazenando e refinando informação de forma esquematizada e estruturada. Para eles, o wayfinding é um exercício em que as pessoas constroem modelos mentais de ambientes espaciais e utilizam a informação que lhes é apresentada para ajudar a navegação. Hunter (2010) observa que esta era assistiu à popularização da cognição humana e da investigação sobre mapas cognitivos e que os investigadores da época procuravam padrões na arquitetura relacionados com o comportamento humano e a formação de padrões e mapas cognitivos.

Romedi Passini (1977) contestou o trabalho dos cientistas cognitivos, argumentando que o conceito de ***orientação espacial*** não tinha em conta os aspectos dinâmicos dos movimentos humanos. Defendeu que a orientação espacial envolve mais do que a simples geração de um mapa mental estático de uma situação espacial, como sugerido por Lynch (1960). Introduziu então a orientação como um exercício ***de resolução de problemas espaciais*** em que as pessoas têm de resolver uma grande variedade de problemas enquanto navegam em espaços arquitectónicos e urbanos. Descobriu que a dependência dos seres humanos em relação à informação e às pistas dentro dos espaços ambientais ajuda à tomada de decisões, à execução de decisões e ao processamento de informação (Passini 1977, 1984).

Passini e Paul Arthur colaboraram em 1992 num trabalho seminal (*Wayfinding: People, Signs, and Architecture*) que codificou a investigação arquitetónica e cognitiva sobre wayfinding (Hunter, 2010). O seu trabalho, que alarga claramente o trabalho anterior de Passini (1984), introduz o termo ***comunicação ambiental.*** Defendia que o ambiente construído e as suas partes deviam comunicar com os seus utilizadores. Hunter (2010) opina que o trabalho de Arthur e Passini foi o primeiro a diferenciar as componentes arquitectónicas e de informação da orientação, a compilar provas relevantes e a traduzi-las em orientações de design.

Uma análise atenta da investigação atual mostra uma produção contínua de soluções que se baseiam frequentemente nos conceitos teóricos de orientação espacial, tal como definido originalmente por Lynch (1960); resolução de problemas espaciais, tal como apresentado por Passini (1977, 1984) e Arthur e Passini (1992); mapeamento cognitivo, tal como apresentado por Gollege (1999). Brandon (2008) articula os trabalhos de

Passini (1977, 1984) e Arthur e Passini (1992) de uma forma muito elogiosa. Brandon afirma que este deu uma estrutura para descrever e explicar uma série de problemas que os designers gráficos têm enfrentado durante muitos anos. Isto ratificou a intuição dos designers sobre um bom design de orientação, corrigiu noções e permitiu o desenvolvimento de uma linguagem comum com a qual designers e clientes podem discutir as necessidades e soluções de orientação.

Esta secção seguiu as fases de intersecção através das quais a orientação se desenvolveu ao longo do tempo desde a sua criação. Foi demonstrado que os conceitos de orientação espacial, mapeamento cognitivo e resolução de problemas espaciais fortaleceram a orientação (Rooke, 2012). Foi argumentado que os três conceitos continuam a ter grande influência na formulação de princípios e directrizes de orientação. O crescente interesse pela orientação indica claramente que os problemas de orientação persistem e que continua a ser necessário encontrar uma solução eficaz. Isto levanta a questão do valor/utilidade das directrizes e princípios existentes.

2.2.2A importância de uma boa sinalética

Na maior parte das vezes, as pessoas culpam-se a si próprias pela falta de discernimento e de capacidade de tomar decisões rápidas para navegar em ambientes complexos (Arthur e Passini, 1992), mas alguns académicos (por exemplo, Haq e Zimring, 2003; Baskaya et al, 2004) transferem a culpa dos orientadores para os projectistas. Afirmam que perder-se é uma indicação de má conceção dos edifícios ou dos sistemas de orientação destinados a servir de guias às pessoas e não uma inadequação por parte do orientador. Arthur e Passini (1992) e Van der Klipp (2006) destacam limitações como dificuldades linguísticas, capacidade visual reduzida, perda de memória, resistência, força e equilíbrio reduzidos, diferenças de género e diferenças culturais. Como Coleman et al (2003) corretamente observam, as pessoas com perdas auditivas e deficiências de comunicação podem ter dificuldade em compreender as instruções verbais, enquanto as pessoas com deficiências visuais não podem confiar na informação visual.

Lawton et al (1996, 2001), Lawton e Kallai (2002) e Frank (2002) revelam que as mulheres têm tendência a ter menos confiança espacial do que os homens e dependem de pontos de referência localizados para se orientarem. Os homens, por outro lado, tendem a usar estratégias de configuração globalizadas para encontrar o caminho ou dar direcções (Bever 1992). Lawson (1999) afirma que os espaços que nos pertencem ou que estão sob o nosso controlo devem comunicar connosco através das suas propriedades físicas. Defende que esta "linguagem humana do espaço" deveria ser uma ferramenta básica de trabalho para os arquitectos. Lynch (1960) defende um ponto de vista semelhante, salientando que o design deve ser utilizado para sustentar o significado social existente e não para o contradizer. Carpman e Grant (2001) e Huelat (2007) reiteraram a sua observação de que a dominância visual das entradas, a definição do espaço público e do espaço privado, a capacidade de separar visualmente uma zona funcional de outra, são fundamentais para uma navegação bem sucedida.

De acordo com Huelat (2007), as entradas facilmente identificadas, os caminhos claros, os elevadores legíveis e os pontos de referência contribuem para uma boa orientação e para a formação de mapas cognitivos de um espaço. O autor também observou que uma boa conceção das características do edifício pode facilitar a compreensão e a utilização dos ambientes construídos, ajudando assim os wayfinders a navegar e a manter o seu sentido de orientação. Hunter (2010) afirma que isto deve, por sua vez, contribuir significativamente para a satisfação do utilizador e para a frequência de utilização de um ambiente construído.

Werner e Schindler (2004) e Ruddle e Peruch (2004) destacam as propriedades da disposição dos edifícios que simplificam ou obstruem o movimento. Os ambientes com intersecções perpendiculares apresentam um melhor desempenho de orientação do que aqueles com intersecções angulares (Werner e Schindler, 2004). Ruddle e Peruch afirmam que é provável que sinais bem concebidos sejam bastante ineficazes num edifício que seja altamente complicado e não forneça pistas simples que permitam um movimento natural. Observam que a sinalização pode ser confusa ou ineficaz quando colocada em camadas sobre elementos arquitectónicos ou do local mal concebidos. Os méritos de proporcionar aos utilizadores linhas de visão claras ao entrarem num edifício são salientados por Hunter (2010). O autor refere que isto pode proporcionar ao utilizador uma visão geral do ambiente que o rodeia, permitindo-lhe ver um grande número de elementos e as suas relações ao mesmo tempo, dando-lhe assim um sentido de orientação. Hunter (2010) observa ainda que a experiência panorâmica não só "encanta", mas ajuda o utilizador a obter uma visão da configuração espacial mais ampla que aumenta a capacidade de memorização. Holscher e Brosamle (2007) também afirmam que, se grandes partes do ambiente forem imediatamente visíveis, as pessoas confiam menos no conhecimento espacial armazenado e mais nas informações diretamente disponíveis no seu campo de visão.

Haq e Zimring (2003) centram-se na estrutura global do sistema de salas e corredores, afirmando que a nomeação, numeração e organização geral das partes de um edifício é um aspeto organizacional crítico de um projeto de orientação. As suas conclusões mostram que a numeração dos pisos, os nomes dedicatórios versus nomes comuns, os nomes dos departamentos, a numeração dos corredores e a numeração das salas devem ser cuidadosamente considerados numa fase inicial. A utilização de vistas distintivas de plantações, vistas de água e vistas de locais chocantes ou inesperados, como grandes mudanças de escala ou variação de cor, também pode ajudar os utilizadores a construir mapas mentais mais amplos, assim como fortes contrastes de configuração espacial e materiais (Lynch 1960, Hunter 2010).

As evidências examinadas acima também destacam a necessidade de diminuir a dependência da sinalização como meio de auxiliar a orientação. Miller e Lewis (1998) observam que muitas pessoas associam a orientação à sinalética. Huelat (2007) afirma que a sinalização deve apoiar "os bons ossos" do ambiente físico, apelando a um conjunto organizado e claro de elementos de sinalização que devem fornecer quatro tipos de informação: informativa, direcional, identificativa e reguladora. O autor acrescenta que estes elementos devem ser integrados no design de uma forma lógica, consistente e fácil de utilizar. Heulat (2007) reitera a observação de Carpman et al. (1984) de que os sinais direccionais são mais eficazes quando colocados em ou antes de cada intersecção principal, em destinos principais, e onde uma única pista ambiental ou uma série de tais pistas (por exemplo, mudanças no material do pavimento) transmitem a mensagem de que o indivíduo está a passar de uma área para outra. Carpman e Grant (1993) salientam que qualquer bom sistema de orientação deve ir para além da mera sinalética e da utilização de códigos de cores para diferenciar as várias áreas. Apelam a uma integração de elementos coordenados, tais como sinais e números visíveis e fáceis de compreender; símbolos gráficos; indicações verbais claras e consistentes; informação consistente e clara em papel, correio e eletrónica.

A vasta literatura mostra que a orientação é 'uma questão macro que envolve os ambientes físicos e operacionais em que ocorre (Carpman e Grant 2002). É mais do que apenas a perceção, a cognição e o comportamento individuais. Também é evidente que existe uma grande quantidade de conselhos sobre a conceção de sistemas e estratégias ideais de orientação que devem ajudar a uma comunicação eficaz com os orientadores. Arthur e Passini (1992) observam que a solução é desenvolver princípios de design de orientação que forneçam uma estrutura para organizar o ambiente numa hierarquia espacial capaz de apoiar as tarefas de orientação.

2.2.3Princípios/orientações para a conceção da sinalética

Ao longo dos anos, têm sido produzidos grandes volumes de princípios/directrizes de design. Rooke (2012), no seu trabalho, escolheu aleatoriamente quatro conjuntos destes princípios/orientações. Segue-se um resumo dos quatro conjuntos de princípios.

O primeiro conjunto de princípios desenvolvido por Foltz (1998) é ilustrado no Quadro 1 abaixo

Criar uma identidade em cada local, diferente de todas as outras	Arthur e Passini (1992).
Utilizar pontos de referência para fornecer pistas de orientação e locais memoráveis	Lynch (1960).
Criar caminhos bem estruturados	Lynch (1960), Carpman e Grant (2002). .
Criar regiões de carácter visual diferente	Lynch (1960).
Não dê ao utilizador demasiadas opções de navegação	Carpman e Grant (2002).
Utilizar vistas de inquérito (dar aos navegadores uma vista ou um mapa)	Huelat (2007)
Colocar sinais nos pontos de decisão para facilitar as decisões de orientação	Passini (1984), Arthur e Passini (1992), Carpman e Grant (2002).
Utilizar linhas de visão para mostrar o que está à	McLean (1993), Hunter (2010)

frente	

Quadro 1: Princípios de conceção para a sinalética de orientação de Foltz (1998)

Foltz reconheceu ter-se baseado nas suas descobertas "tanto no estudo de exposições de museus como na investigação de psicólogos ambientais, cientistas cognitivos e outros que estudam a forma como os seres humanos representam e navegam no ambiente físico" para desenvolver estes princípios.

O segundo conjunto de princípios que Rooke (2012) escolheu foi desenvolvido pelo The Centre for Universal Design (1997). Reconhecem a influência dos cientistas cognitivos e dos psicólogos ambientais no desenvolvimento destes princípios. O quadro 2 abaixo ilustra-o.

Analisar o edifício ou o sítio em termos de pontos de acesso, tendo em conta as características físicas e estéticas do edifício ou do sítio. Como é que o sítio será acedido?
Dividir o sítio de grande escala em partes distintas mais pequenas, ou zonas de utilização funcional, preservando simultaneamente um sentido de lugar e a conetividade entre espaços.
Organizar as partes mais pequenas segundo um princípio de organização simples, como a utilização. Elaborar um plano de zonamento com uma estrutura lógica e racional.
Fornecer pistas direccionais frequentes em todo o espaço, particularmente nos pontos de decisão ao longo dos percursos em ambas as direcções.
A conceção dos pontos de decisão deve ser lógica, racional e óbvia para um utilizador com visão, assegurando que as pistas direccionais se relacionam diretamente com um edifício ou espaço paisagístico. Assegurar a sequenciação e que a prioridade e o agrupamento dos painéis de mensagens não sejam ambíguos.
Conceber e implementar um protocolo de atribuição de nomes, escolhendo um tema para segregar lugares e espaços. Utilizar nomes e símbolos que possam ser facilmente recordados por utilizadores de diferentes origens culturais. **-Qualquer protocolo de atribuição de nomes deve ser suficientemente flexível para ser adaptado às funções variáveis de um edifício ou de uma paisagem ou espaço público.**
Utilizar um protocolo de nomeação sequencial, lógico, racional e coerente para locais como hospitais ou instituições de ensino onde os edifícios foram planeados e organizados de forma lógica.
Ao considerar um protocolo de nomeação de um sistema de codificação alfanumérico, deve assegurar-se a coerência dentro do sistema de codificação. Por exemplo: Sala B3.7 lê-se Edifício B, Nível 3 Sala 7. Na sala C4.6 lê-se Edifício C, Nível 4, Sala 6. No bloco BS1 lê-se Edifício B, Sul, Entrada 1. No bloco MN2 lê-se Edifício M, Norte, Entrada 2.
Considerar a incorporação de informações em várias línguas ou a incorporação de pictogramas ao conceber um protocolo de nomeação.
Assegurar que a colocação física, a instalação e a iluminação dos sinais são adequadas a todos os utilizadores.

Quadro 2: Princípios de conceção da sinalética desenvolvidos pelo Centro para o Desenho Universal (1997)

O terceiro conjunto de princípios foi desenvolvido por Huelat (2007). Huelat apresenta os seus princípios sob a forma de gráficos que mostram blocos de construção cujo conteúdo está resumido na lista de controlo ilustrada na Tabela 3 abaixo.

Aplicar o modelo de divulgação progressiva da orientação.	Ter um centro de informação ao visitante bem visível.
Identificar todos os parques de estacionamento, edifícios e entradas.	Desenvolver um sistema de numeração de salas sensato.
Utilizar gráficos, cores e logótipos coerentes.	Identificar todos os destinos no mesmo vocabulário.
Crie um mapa de fácil utilização e repita-o nos directórios do átrio.	Utilizar símbolos e ícones para ultrapassar as barreiras linguísticas.
Desenvolver um sistema de orientação adequado e específico para as suas instalações.	Fornecer sinais claros, concisos e consistentes, com forte contraste e visibilidade.
Incorporar pistas ambientais, tais como paisagens.	Ilumine claramente todos os sinais e utilize a iluminação para destacar pontos de referência.
Incluir janelas nos corredores para orientação para o exterior.	Ilumine claramente todos os sinais e utilize a iluminação para destacar pontos de referência.
Conceber as zonas de entrega da entrada principal. Oferecer estacionamento com manobrista.	Distinguir os elevadores públicos dos elevadores do pessoal e dos elevadores clínicos.
Proporcionar estacionamento fácil e bem identificado. Delimitar claramente o estacionamento para deficientes e as vias de acesso.	Afixar relógios nas principais áreas de espera.
Estabelecer itinerários claros para os destinos principais.	Disponibilizar telefones nas áreas de emergência, áreas de espera, entradas e áreas de refeições
Formar todo o pessoal para dar indicações - o mesmo caminho para o mesmo sítio.	

Quadro 3: Lista de controlo para o desenvolvimento de bons sistemas de orientação. Huelat (2007)

Huelat afirma que, a partir dos blocos de construção, as comodidades das instalações, os gráficos, a sinalização, a arquitetura, a arquitetura de interiores, o design de interiores, a paisagem e o plano diretor dependem uns dos outros para formar um sistema de orientação sólido.

O quarto conjunto escolhido por Rooke (2012) foi desenvolvido pelo The Centre for Universal Design (1997) em colaboração com um consórcio de investigadores e profissionais de design universal de todos os EUA. O conjunto de princípios é, até certo ponto, diferente dos outros ilustrados acima; contém princípios mais genéricos. Quadro 4

Princípio 1: Utilização equitativa	O design é útil e comercializável para pessoas com diversas capacidades.
Princípio 2: Flexibilidade de utilização	A conceção permite uma vasta gama de preferências e capacidades individuais.
Princípio 3: Utilização simples e intuitiva	A utilização do design é fácil de compreender, independentemente da experiência, dos conhecimentos, das competências linguísticas ou do nível de concentração atual do utilizador.
Princípio 4: Informação percetível	A conceção comunica eficazmente ao utilizador as informações necessárias, independentemente das condições ambientais ou das capacidades sensoriais do utilizador.
Princípio 5: Tolerância ao erro	A conceção minimiza os riscos e as consequências adversas de acções acidentais ou não intencionais.
Princípio 6: Pouco esforço físico	O design pode ser utilizado de forma eficiente e confortável e com um mínimo de fadiga.
Princípio 7: Tamanho e espaço para abordagem e utilização	São proporcionadas dimensões e espaço adequados para aproximação, alcance, manipulação e utilização, independentemente do tamanho do corpo, da postura ou da mobilidade dos utilizadores.

ilustra.

Quadro 4: Princípios do Desenho Universal do Centro para o Desenho Universal (1997)

2.3 EDIFÍCIOS DE VÁRIOS ANDARES

Os edifícios de vários andares são edifícios que consistem em três ou mais andares acima do solo. Os edifícios com vários pisos desenvolveram-se ao longo dos anos como resposta à quantidade limitada de terrenos e ao elevado custo de aquisição dos terrenos disponíveis, quando existe a necessidade de criar uma grande quantidade de unidades de alojamento. De acordo com a Wikipédia (2014), o seu objetivo é aumentar a área útil do edifício sem aumentar a área do terreno em que são construídos, o que permite poupar terreno e custos de aquisição.

A maioria dos edifícios com vários pisos está localizada no centro das cidades ou em zonas comerciais e é utilizada para fins comerciais e residenciais, ou mesmo para ambos. Devido à quantidade de recursos utilizados na construção, operação e manutenção destes edifícios, eles são maioritariamente propriedade de organizações governamentais e de promotores imobiliários. Os edifícios governamentais com vários pisos são frequentemente utilizados para alojar agências governamentais e paraestatais, enquanto os edifícios detidos por promotores privados são arrendados a várias empresas e particulares como espaços de escritórios e apartamentos residenciais, respetivamente.

As dimensões gigantescas destes edifícios com vários níveis fazem com que exijam muita atenção para resolver questões de aquecimento/arrefecimento eficaz, abastecimento de água, saneamento, etc. A dimensão destes edifícios e o número de espaços interiores e de vias de circulação resultam em ambientes complexos que são muitas vezes aborrecidos de percorrer.

2.4 EMERGÊNCIAS DE INCÊNDIO E SINALIZAÇÃO

As fontes mais comuns de incêndios em edifícios de vários andares são actividades na cozinha, avarias eléctricas e de aquecimento, fogo posto, como no caso da ação de terroristas e vândalos, tabagismo e armazenamento inadequado de materiais inflamáveis (Charlseton, 2013).

Quando há emergências de incêndio em edifícios públicos, os seres humanos tendem a exibir a sua forma mais desastrosa de comportamento coletivo, nomeadamente a debandada de multidões induzida pelo pânico. Esta situação resulta frequentemente em mortes, uma vez que as pessoas são pisadas ou esmagadas (Hajibabai, 2006). Os utilizadores dos edifícios que mais sofrem neste tipo de situações são os inexperientes (Holscher e Brosamle, 2007), uma vez que o seu conhecimento sobre os percursos de navegação em torno do edifício é reduzido em comparação com o dos visitantes ocasionais e do pessoal/trabalhadores do edifício. Para além da configuração do ambiente construído e da sinalização disponível, o caos causado pelos alarmes de incêndio e as instruções dadas pelos operadores nos sistemas de altifalantes (PA) influenciam, em grande medida, a capacidade de orientação dos utilizadores.

2.5 AVALIAR A REVISÃO DA LITERATURA RELEVANTE

A descrição histórica dos principais desenvolvimentos em matéria de orientação fornece informações sobre os conceitos teóricos que continuaram a sustentar a investigação sobre orientação até aos dias de hoje: orientação espacial, cartografia cognitiva e resolução de problemas espaciais. A revisão também fornece informações sobre o que implica um bom projeto de orientação. Isto significa destacar os méritos e deméritos de uma má orientação. Apesar dos notáveis avanços no domínio da orientação, mantém-se a necessidade de abordar inteiramente os problemas persistentes da orientação. Há um apelo, já consagrado pelo tempo, a uma investigação mais alargada sobre o modo como os seres humanos navegam, encontram e compreendem a informação de orientação incorporada no ambiente construído.

Parte-se do princípio de que qualquer estratégia de orientação deve utilizar os três aspectos do conhecimento: informação codificada; prática social; e propriedades físicas dos artefactos, tendo reconhecido o valor das propriedades físicas (incluindo, entre outras, as visuais e tácteis) dos artefactos na preservação e transferência de conhecimentos. Embora a prática habitual consista em recorrer a sinalética e gráficos complementados por instruções verbais dadas pelo pessoal dos balcões de informação, centros de visitantes ou outros membros do contexto, é fortemente sublinhada a importância da necessidade de comunicar com os utilizadores através das propriedades físicas do ambiente construído e de outros objectos nele contidos. O apelo a cenários físicos legíveis (por exemplo, Carpman e Grant's 2001), à comunicação arquitetónica de orientação ou comunicação ambiental (por exemplo, Arthur e Passini 1992) e à linguagem humana do espaço (por exemplo, Lawson 1999) é prova de uma grande consciência da capacidade de conhecimento das propriedades físicas do ambiente construído e de outros objectos físicos.

2.6 DISCUSSÃO DAS PRINCIPAIS CONCLUSÕES

Rooke (2012) apresentou sugestões para melhorar a orientação numa fase inicial da sua investigação, utilizando um quadro prescritivo geral baseado na conceção tripartida dos fluxos de conhecimento, conforme ilustrado na figura abaixo. No entanto, sugerir este quadro como uma solução para os problemas de orientação nessa fase da investigação da autora teria falhado em atender ao apelo vivo para uma investigação mais ampla sobre a observação do mundo real do comportamento dos orientadores e da tomada de decisões por parte das organizações confrontadas com a tarefa de fornecer sistemas de orientação eficazes. A decisão de rever a literatura relevante em simultâneo com a investigação empírica etnográfica permitiu evitar esse inconveniente.

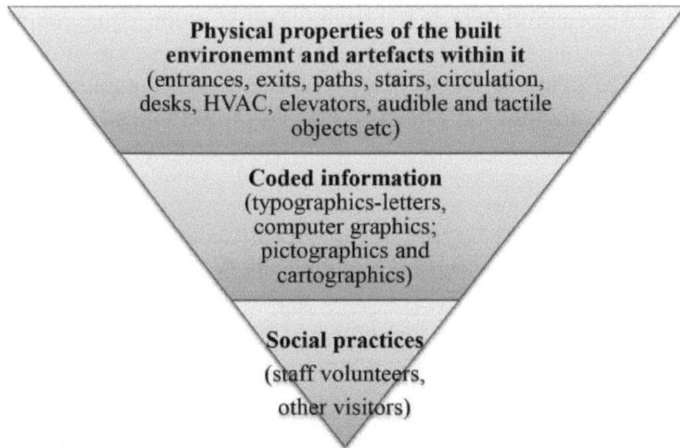

Figura 1: Um quadro prescritivo para a resolução de problemas de orientação. ***Fonte: Rooke et al. (2010)***

O quadro dá prioridade à comunicação através das propriedades físicas do ambiente construído em detrimento da informação codificada e da prática social. Ilustra que os sinais não são o principal meio de comunicação de informações de orientação e que a confiança na prática de dar instruções verbais por parte do pessoal, voluntários e/ou outros visitantes deve ser menor. À esquerda da pirâmide encontra-se uma seta que indica a ordem de prioridade. O tamanho de cada segmento comunica a importância de cada fluxo de conhecimento em comparação. Neste contexto, a função da conceção tripartida pode ser vista. Cada elemento do conceito - prática, informação, artefacto físico - representa um modo de comunicação.

Consequentemente, este conceito funciona como um guia inestimável para a gestão da informação para fins de orientação; cada elemento do conceito aponta para uma abordagem disciplinar diferente da gestão do conhecimento; prática organizacional; armazenamento e recuperação de informação; conceção de artefactos físicos.

2.7 RESUMO

Este capítulo analisou a literatura relevante para este estudo. A secção 2.2.1 apresentou uma descrição histórica dos principais desenvolvimentos em matéria de wayfinding desde que o conceito foi introduzido pela primeira vez no início da década de 1960. Aqui foi argumentado que o trabalho pioneiro de Lynch (1960), o dos cientistas cognitivos sobre orientação espacial e mapeamento cognitivo e o dos psicólogos ambientais sobre resolução de problemas espaciais continuaram a sustentar a investigação sobre orientação até aos dias de hoje. Também se afirmou que todos os princípios ou directrizes de conceção de sistemas de orientação estão firmemente enraizados no pensamento dos cientistas cognitivos ou dos psicólogos ambientais, tendo sido sublinhada a relevância e o valor de ambas as perspectivas. A secção 2.2.2 passou em revista o que os peritos dizem sobre a importância de uma boa orientação e como esta pode ser conseguida prestando muita atenção à conceção tanto do ambiente construído como dos sistemas de orientação. O impacto de uma má orientação tanto na saúde da organização como na do utilizador também foi salientado. A secção 2.2.3 destaca brevemente as metodologias utilizadas por outros investigadores em estudos sobre a orientação.

A secção 2.3 apresenta uma breve descrição dos edifícios com vários níveis; os factores que levaram ao seu aparecimento, as suas utilizações, vantagens e problemas associados à sua construção, utilização e manutenção. A secção 2.4 aborda brevemente os desafios da orientação em edifícios com vários níveis durante emergências de incêndio. No passado, não foram efectuados muitos trabalhos de investigação especificamente sobre o aspeto das emergências de incêndio em edifícios com vários níveis. A maioria dos investigadores limita-se a ambientes exteriores complexos, edifícios comerciais de um ou dois andares. A secção 2.5 avaliou o valor da própria revisão da literatura e mostrou que as questões de orientação não podem ser resolvidas com sucesso de forma abstrata. Neste ponto, argumentou-se que, embora seja possível desenvolver um quadro concetual prescritivo a partir da revisão da literatura, esse quadro seria demasiado geral. Por conseguinte, o seu valor seria questionável se comparado com um quadro contextual desenvolvido a partir de uma compreensão aprofundada dos problemas situados. Isto implica que a utilidade de um tal quadro prescritivo teria de ser testada no terreno real. De seguida, apresentam-se as principais conclusões da análise da literatura.

Tendo estabelecido a medida em que a revisão da literatura aborda as questões centrais do estudo e a necessidade urgente de soluções para os problemas de orientação no Edifício do Senado, ABU Zaria, a conclusão é que um simples exame das descrições metodológicas encontradas em publicações académicas é insuficiente. A revisão mostra que a necessidade de soluções de orientação que sejam sustentadas por uma compreensão profunda do comportamento situado dos orientadores continua a ser premente.

3 METODOLOGIA DE INVESTIGAÇÃO

3.1 INTRODUÇÃO

Este capítulo descreve os quadros de recolha e análise de dados e os caminhos percorridos para atingir os objectivos desta investigação e dar resposta às questões de investigação. Este capítulo apresenta uma breve descrição do estudo de caso (Edifício do Senado, A.B.U. Zaria). Os instrumentos e procedimentos utilizados para realizar esta investigação também serão aqui discutidos.

3.2 ESTUDO DE CASO

O edifício do Senado da Universidade Ahmadu Bello de Zaria foi escolhido como o caso a estudar para esta investigação, a fim de explorar e obter uma compreensão holística das questões relacionadas com a orientação em edifícios com vários pisos durante emergências de incêndio. Zainal (2007) afirmou que os estudos de caso permitem aos investigadores compreender as condições comportamentais através das perspectivas dos actores, indo além dos resultados estatísticos quantitativos.

Figura 2: Vista do edifício do Senado. *Fonte: InstaAbuZaria, setembro de 2014*

O edifício do Senado foi escolhido porque é o que melhor se enquadra na descrição de um edifício com vários níveis em redor do campus universitário e de Zaria num âmbito mais alargado. É também o edifício que recebe o maior número de visitantes oficiais, sendo o edifício administrativo da universidade, como já foi referido.

Figura 3: Legenda na camisola de um aluno. *Fonte: Trabalho de campo, outubro de 2014.*

O edifício do Senado da A.B.U. foi projetado por Egbor and Associates. As obras de construção, levadas a cabo por A.G. Ferrero Ltd como empreiteiro principal, foram concluídas em 1980. Foi construído para servir de novo bloco administrativo da universidade, a fim de consolidar diferentes gabinetes administrativos para um melhor controlo e coordenação e para reduzir o congestionamento causado por pequenos edifícios de escritórios espalhados pelo campus (Abdurrahman, 1979). O edifício de oito andares tem uma planta quadrada com uma área de cerca de 2500 metros quadrados. Tem um vazio central quadrado do terceiro ao oitavo andar. Existem três acessos idênticos que conduzem às três entradas do rés do chão. A entrada sudeste foi concebida para ser a entrada principal do edifício. thO edifício do Senado tem um sistema de três elevadores que vão do rés do chão ao oitavo andar e dois pares de escadas; um do rés do chão ao telhado e o outro par do rés do chão ao primeiro andar (Abdurrahman, 1979).

O rés do chão alberga os gabinetes da divisão de assuntos estudantis, da direção de assuntos públicos, da unidade de bolsas, de correio e de segurança. O acesso ao edifício faz-se através das três entradas existentes no rés do chão. As três entradas conduzem a um átrio quadrado com 196

metros quadrados, com quatro colunas que formam uma grelha quadrada de 6,3 metros de lado. O primeiro andar é quase idêntico ao rés do chão, mas com um vazio quadrado mesmo por cima do foyer do rés do chão. No primeiro andar, encontram-se os gabinetes da Divisão de Assuntos Estudantis, do Departamento de Estabelecimentos e do Secretariado Académico. A sala do conselho e as suas salas de receção e de refrescos ocupam o segundo andar. A área da planta quadrada do edifício do Senado é reduzida a partir deste piso, utilizando o telhado do primeiro andar como varanda corta-fogo. O acesso à grande varanda corta-fogo faz-se a partir do segundo andar através do par de escadas situadas nos flancos do edifício.

Figura 4: Vistas que mostram o vazio aberto ao céu e o teto dos Paços do Concelho em baixo. *Fonte: Trabalho de campo, outubro de 2014.*

O terceiro andar alberga as salas de reuniões das comissões e tem a meio o teto da câmara municipal. O quarto, quinto e sexto andares são idênticos, embora alberguem gabinetes diferentes. A meio, há um vazio quadrado de 13,5 metros de lado que dá vista para o céu aberto e para o teto do hemiciclo abaixo (ver figuras 4 e 5).

Os serviços de registo e de bolsas situam-se no quarto andar. O serviço de estabelecimento, a secretaria, o serviço de desenvolvimento e o serviço de bolsas ocupam gabinetes no quinto e sexto andares. O sétimo andar é a continuação do vazio da praça. Os gabinetes do secretário e do tesoureiro estão situados neste piso. O oitavo andar é semelhante aos andares inferiores, mas tem uma varanda mais larga, reduzindo assim a dimensão do vazio quadrado. O Vice-Chanceler, os Vice-Chanceleres e o seu pessoal direto têm os seus gabinetes neste piso. O acesso ao piso da cobertura faz-se através do par de escadas situadas nos flancos do edifício. Tem a mesma área vazia que o oitavo andar. Neste piso encontram-se os reservatórios de água, a sala de controlo do ar condicionado e a sala dos elevadores.

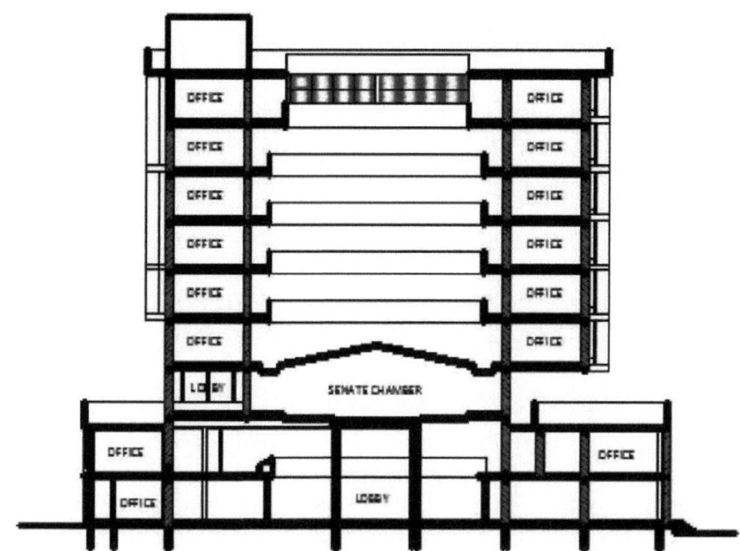

Figura 5: Secção transversal do edifício do Senado da A.B.U. Zaria.

3.3 RECOLHA DE DADOS

Para efeitos desta investigação, foram recolhidos dados qualitativos da literatura existente sobre wayfinding. Os dados permitiram uma análise subjectiva da informação neles contida. Os dados quantitativos deste estudo foram recolhidos para dar resposta às questões de investigação;

- Inquérito por questionário.
- Análise do gráfico de visibilidade.

1.1.1Inquérito por questionário

De acordo com Marzcyk et al (2005), um grande número de pessoas é questionado sobre a sua opinião, atitudes e comportamentos através de inquéritos. O inquérito por questionário realizado para este estudo foi utilizado para encontrar formas eficazes de gerir a informação para melhorar o desempenho da orientação em situações de emergência no edifício do Senado. Foi realizado com o objetivo de descrever e documentar as opiniões, atitudes e comportamentos dos orientadores relativamente às alternativas que escolheriam para evacuar o edifício do Senado em caso de incêndio.

1.1.1.1 Instrumento

Foi utilizado um questionário estruturado com uma pergunta fechada que continha dezoito (18) respostas diferentes a serem classificadas numa escala de Likert. As respostas eram alternativas de orientação no Edifício do Senado obtidas a partir do quadro prescritivo tripartido de orientação ilustrado na Figura 1. Foram incluídas seis alternativas de cada um dos três aspectos do conhecimento durante o procedimento de orientação; informação codificada; prática social; e as propriedades físicas. As escalas assumiram que a concordância de um orientador com qualquer uma das alternativas é linear, atribuindo assim um valor numérico a cada resposta. Isto foi feito para facilitar a análise estatística dos resultados. O formulário do questionário é apresentado no Apêndice 1.

1.1.1.2 Amostragem

O edifício do Senado tem geralmente três categorias de utilizadores: funcionários, estudantes e visitantes. A população da amostra para este estudo é composta por utilizadores destas três categorias.

1.1.1.3 Procedimento

Os formulários dos questionários foram distribuídos através de trabalho de campo durante um período de quatro dias. Foram distribuídos no interior do edifício do Senado a funcionários, visitantes e estudantes. Alguns foram distribuídos nas imediações do edifício do Senado a estudantes sentados nos jardins Ribadu e Wall of Fame. No total, foram distribuídos aleatoriamente cem (100) formulários de questionário e apenas oitenta e sete (87) foram devolvidos. A fim de aumentar a aleatoriedade e reduzir o enviesamento, apenas cinquenta dos formulários de questionário devolvidos foram utilizados para análise. Foi utilizada a aleatorização propositada para sortear estes cinquenta (50) questionários, uma vez que foram sorteados tendo em conta um rácio de **1 visitante: 2 funcionários: 3 estudantes**. O rácio resultou em formulários de oito (8) visitantes, dezassete (17) membros do pessoal e vinte e cinco (25) estudantes escolhidos aleatoriamente para serem utilizados na análise estatística.

1.1.2Análise de gráficos de visibilidade (VGA)

Decidiu-se combinar os campos de isovistas com a sintaxe espacial para medir o grau de integração das próprias isovistas num plano de um ambiente (Turner e Penn, 1999). A metodologia foi mais tarde formalizada de forma mais simples como **Análise do Gráfico de Visibilidade** (VGA) (Turner et al., 2001). Na VGA, uma grelha de pontos é sobreposta ao plano. De seguida, é feito um gráfico dos pontos, em que cada ponto está ligado a todos os outros pontos que consegue ver. A integração visual de um ponto baseia-se no número de passos visuais necessários para ir desse ponto a qualquer outro ponto do sistema (Turner, 2004). A VGA foi utilizada neste estudo para dar resposta à questão de investigação, que consiste em conhecer a relação entre as características físicas e a informação codificada no edifício do Senado.

1.1.2.1 Instrumento

O instrumento utilizado para executar a VGA das plantas do edifício do Senado é o software Depthmap v10 da UCL. O Depthmap da UCL é uma aplicação de fonte aberta utilizada para realizar análises de visibilidade de sistemas arquitectónicos e urbanos. Recebe informação sob a forma de uma planta do sistema e é capaz de construir um mapa de locais "visualmente integrados" no seu interior (UCL, 2012).

1.1.2.2 Procedimento

Durante um levantamento de campo, os pontos e localizações das características físicas e da informação codificada foram identificados e marcados em plantas impressas do edifício do Senado.

As plantas do edifício do Senado em formato DXF desenhadas com Auto CAD foram exportadas para o Depthmap v10. O VGA foi executado nas plantas, uma após a outra. Os valores de integração visual de cada um dos pontos marcados foram registados para análise.

3.4 ANÁLISE E APRESENTAÇÃO DE DADOS

A análise foi efectuada sobre os dados numéricos obtidos a partir das escalas de Likert, considerando as frequências e as médias dos valores obtidos a partir das respostas das alternativas de evacuação dos wayfinders. Estas análises foram efectuadas com recurso ao software Microsoft Excel e os resultados são apresentados sob a forma de tabelas e gráficos para cada aspeto do conhecimento em wayfinding, como se mostra no capítulo seguinte.

Os valores de integração visual dos elementos físicos, dos pontos de práticas sociais e dos pontos de informação codificada foram analisados para verificar se estavam correlacionados. A análise foi efectuada com recurso ao software Microsoft Excel e os resultados das médias dos valores de integração dos elementos físicos, dos elementos codificados e das práticas sociais para cada um dos pisos foram apresentados sob a forma de mapas de visibilidade, tabelas e gráficos. Os elementos das características físicas, das informações codificadas e das práticas sociais receberam códigos sob a forma de letras "**P**", "**C**" **e** "**S**", respetivamente. Foram acrescentados dígitos aos códigos para diferenciar os elementos da mesma categoria com a mesma letra de código (por exemplo, **P1, P2, C1, C3, C4, S3**, etc.). As figuras das plantas (mapas de visibilidade) ilustradas abaixo têm chaves/legendas ao lado para facilitar a interpretação dos valores de integração dos códigos.

3.5 RESUMO

Este capítulo apresentou uma breve descrição do Edifício do Senado no que diz respeito à sua configuração arquitetónica e sistemas de circulação. A secção 3.3 abordou os métodos, instrumentos e procedimentos utilizados para a recolha de dados. A secção 3.4 explica os métodos através dos quais os dados estatísticos recolhidos foram analisados e o formato em que foram apresentados. O capítulo seguinte apresenta uma discussão dos resultados e conclusões deste estudo.

4 RESULTADOS E CONCLUSÕES

4.1 INTRODUÇÃO

Este capítulo apresenta os resultados e as conclusões do inquérito por questionário realizado com o objetivo de encontrar formas eficazes de gerir a informação para melhorar o desempenho da orientação em situações de emergência no Edifício do Senado e a Análise Gráfica da Visibilidade (VGA) realizada nas plantas do Edifício do Senado para encontrar a relação entre as características físicas e a informação codificada. Uma discussão sobre as principais conclusões dos dados estatísticos e da observação visual conclui este capítulo.

4.2 RESULTADOS DO INQUÉRITO POR QUESTIONÁRIO

Como mencionado no capítulo anterior, o inquérito por questionário foi realizado para descrever e documentar as opiniões, atitudes e comportamentos dos wayfinders relativamente às alternativas que escolheriam para evacuar o edifício do Senado em caso de incêndio. O Apêndice 2 apresenta o resultado das respostas dos participantes no inquérito por questionário. Os formulários do questionário distribuídos continham seis (6) alternativas de cada um dos três aspectos: conhecimento durante o procedimento de orientação; informação codificada; prática social; e as propriedades físicas como opções para os orientadores durante emergências de incêndio. Assim, os resultados das médias dos grupos são apresentados com base nestes três aspectos do conhecimento, o que facilitará a compreensão de quais destes aspectos do conhecimento os wayfinders tendem a concordar mais como opções de fuga/evacuação em caso de incêndio/emergência.

As respostas 1-6 do Apêndice 1 são elementos do aspeto das características físicas. Os resultados das frequências das suas pontuações estão ilustrados no Quadro 1. A média do grupo para esta categoria de respostas é ilustrada na Tabela 6 abaixo.

x	Strongly Disagree (1)	Disagree (2)	Neutral (3)	Agree (4)	Strongly Agree(5)	Σ
R1	4	4	3	23	16	50
R2	4	11	4	14	17	50
R3	22	21	2	2	3	50
R4	6	6	7	20	11	50
R5	4	14	8	23	1	50
R6	4	13	9	20	4	50
f	44	69	33	102	52	300

Quadro 5: Frequência das pontuações das respostas 1-6

x	f	xf	
5	44	220	
4	69	276	
3	33	99	
2	102	204	
1	52	52	
Σ	300	851	mean(χ)=851/300, **χ=2.84**

Quadro 6: **Média do grupo de respostas 1-6**

Os resultados ilustrados acima (Tabelas 5 e 6) mostram que os inquiridos concordam de forma neutra que as características físicas e os pontos de referência (por exemplo, entradas/saídas, escadas, elevadores, janelas, etc.) influenciam os seus comportamentos de orientação na escolha de alternativas adequadas de fuga em caso de incêndio/emergência.

No Anexo 1, as respostas 7-12 são elementos de informação codificada. Os resultados das frequências das suas pontuações são ilustrados na Tabela 7 e a média do grupo é ilustrada na Tabela 8 abaixo.

x	Strongly Disagree (1)	Disagree (2)	Neutral (3)	Agree (4)	Strongly Agree(5)	Σ
R7	5	10	12	15	8	50
R8	8	10	16	12	4	50
R9	8	16	10	10	6	50
R10	11	13	10	11	5	50
R11	7	18	14	9	2	50
R12	4	11	10	21	4	50
f	43	78	72	78	29	300

Quadro 7: Frequência das pontuações das respostas 7-12

x	f	xf	
5	43	215	
4	78	312	
3	72	216	
2	78	156	
1	29	29	
Total	300	928	mean(χ)=928/300, **χ=3.09**

Quadro 8: **Média do grupo de respostas 7-12**

Os resultados ilustrados acima (Tabelas 7 e 8) mostram que os inquiridos concordam de forma neutra que a informação codificada (por exemplo, sinalização, gráficos, cartazes, avisos, etc.) influenciará os seus comportamentos de orientação durante incêndios/emergências.

No Apêndice 1, as respostas 13-18 são elementos do aspeto das práticas sociais do conhecimento. Os resultados das frequências das suas pontuações estão ilustrados na Tabela 9 e na Tabela 10 para a média do grupo.

x	Strongly Disagree (1)	Disagree (2)	Neutral (3)	Agree (4)	Strongly Agree(5)	Σ
R13	7	11	7	17	8	50
R14	6	14	8	19	3	50
R15	5	10	12	21	2	50
R16	16	24	2	5	3	50
R17	4	14	9	16	7	50
R18	32	11	2	4	1	50
f	70	84	40	82	24	300

Quadro 9: Frequência das pontuações das respostas 13-18

x	f	xf	
5	70	350	
4	84	336	
3	40	120	
2	82	164	
1	24	24	
Total	300	994	mean(χ)=994/300, **χ=3.31**

Quadro 10: **Média dos grupos de respostas 13-18**

Os resultados ilustrados nas Tabelas 9 e 10 mostram que os inquiridos concordam de forma neutra que as práticas sociais (por exemplo, seguir bombeiros, seguranças, voluntários, etc.) influenciam os seus comportamentos de orientação durante incêndios/emergências.

A partir dos resultados obtidos com os três aspectos do conhecimento em wayfinding, pode ver-se que os inquiridos concordam de forma neutra com todas as alternativas, embora em graus diferentes. O seu acordo com o aspeto das práticas sociais, que tem um valor médio de 3,31, é mais forte do que o seu acordo com os aspectos da informação codificada e das características físicas, que têm valores médios de 3,09 e 2,84, respetivamente. No entanto, estes resultados contrastam com o quadro prescritivo de abordagem da orientação desenvolvido por Rooke (2010) (ver Figura 1). Os resultados mostram que os inquiridos dão prioridade à navegação através de práticas sociais em detrimento da informação codificada e das propriedades físicas do ambiente construído. A Figura 6 abaixo ilustra a utilização de uma pirâmide invertida. O tamanho de cada segmento da pirâmide comunica o grau de concordância dos inquiridos com cada fluxo de conhecimentos em comparação.

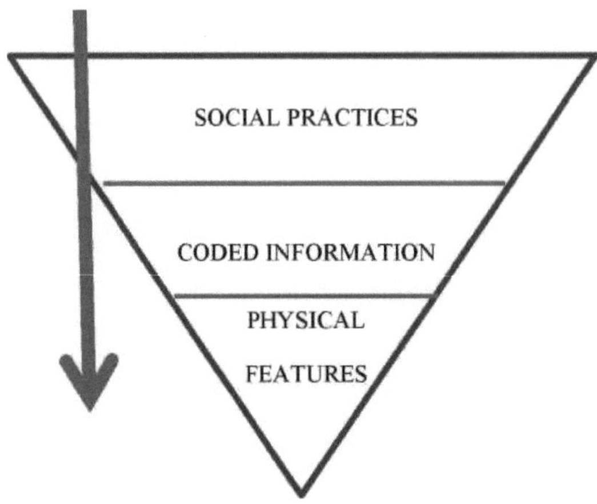

Figura 6: Quadro que mostra o grau de concordância dos inquiridos com as três categorias de sistemas de orientação no edifício do Senado.

4.3 RESULTADOS DA ANÁLISE DO GRÁFICO DE VISIBILIDADE (VGA)

A VGA foi utilizada neste estudo para encontrar a relação entre as características físicas e a informação codificada no edifício do Senado. Os resultados da análise são apresentados nesta secção sob a forma de mapas de visibilidade, tabelas e gráficos. A VGA foi executada em plantas de cada piso do Edifício do Senado de forma diferente, pelo que os mapas de visibilidade e as relações entre características serão discutidos separadamente, seguidos de uma discussão geral sobre a VGA de todo o edifício. Os gráficos de visibilidade contêm os códigos dos elementos dos três aspectos do conhecimento nos pontos exactos em que se encontram na vida real dentro do edifício do Senado. Tal como referido no capítulo 3, os elementos das características físicas, da informação codificada e das práticas sociais receberam códigos sob a forma de letras **"P"**, **"C"** e **"S"**, respetivamente. São acrescentados dígitos aos códigos para diferenciar os elementos da mesma categoria com a mesma letra de código (por exemplo, **P1, P2, C1, C3, C4, S3,** etc.). As grelhas de 450mm e 600mm foram colocadas nos gráficos de visibilidade. Os gráficos têm uma gama de cores que representam uma gama de valores de integração. As figuras dos gráficos de visibilidade ilustradas abaixo têm chaves/legendas por baixo para facilitar a interpretação dos valores de integração (IV) dos códigos.

4.3.1 Rés do chão

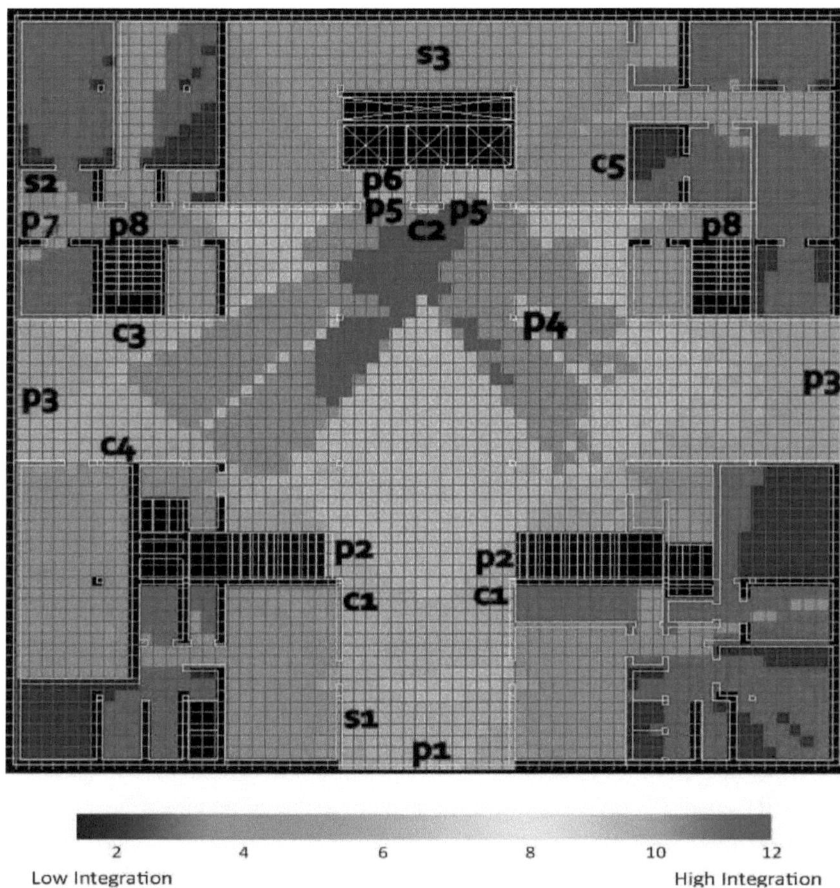

Figura 7: Gráfico de visibilidade do rés do chão

Código	Descrição	I. V.
c1	Seta direcional	8.0
c2	Seta direcional	9.4
c3	Quadro de avisos	7.8
c4	Quadro de avisos	7.7
c5	Quadro de avisos	6.1
p1	Portão de entrada	7.6
p2	Escada	8.4
p3	Portões de entrada	7.1
p4	Coluna	10.3
p5	Portas	11.2
p6	Elevador/Elevador	7.8

p7	Saída de emergência	6.0
p8	Escada	6.0
s1	Balcão de segurança	8.1
s2	Balcão de segurança	3.8
s3	Sala de estar	4.5

Quadro 11: Sistemas de orientação no rés do chão

A partir da Figura 7 acima, pode-se ver que;

- As setas direccionais, C1 (IV= 8,0) e um par de escadas P2 (IV=8,4) inserem-se na mesma escala de cores.

- As portas de acesso à zona dos elevadores (IV=11,2) e a seta direcional C2 (IV=9,2) situam-se nos pontos visualmente mais integrados do rés do chão.

- C2 está muito integrado e aponta para uma porta de saída P7 (IV=6) com um valor de integração relativamente baixo.

Os pontos acima provam-nos que as informações codificadas neste piso são colocadas em relação às características físicas.

4.3.2Primeiro andar

A figura 8 abaixo ilustra-o;

- Uma seta direcional C2 (IV=6,6) e uma porta P3 (IV=6,6) inserem-se na mesma escala de cores e são os pontos integrados mais elevados neste piso.

- A porta P3 (IV=6,6) e a seta direcional C4 (IV=6,0) estão dentro da mesma escala de cores.

- O quadro de avisos C2 (IV=6,6) encontra-se no ponto integrado mais elevado sem qualquer caraterística física.

- A zona de ascensores P4 (IV=4,9) não dispõe de qualquer forma de informação codificada (nomeadamente sinalética) à sua volta.

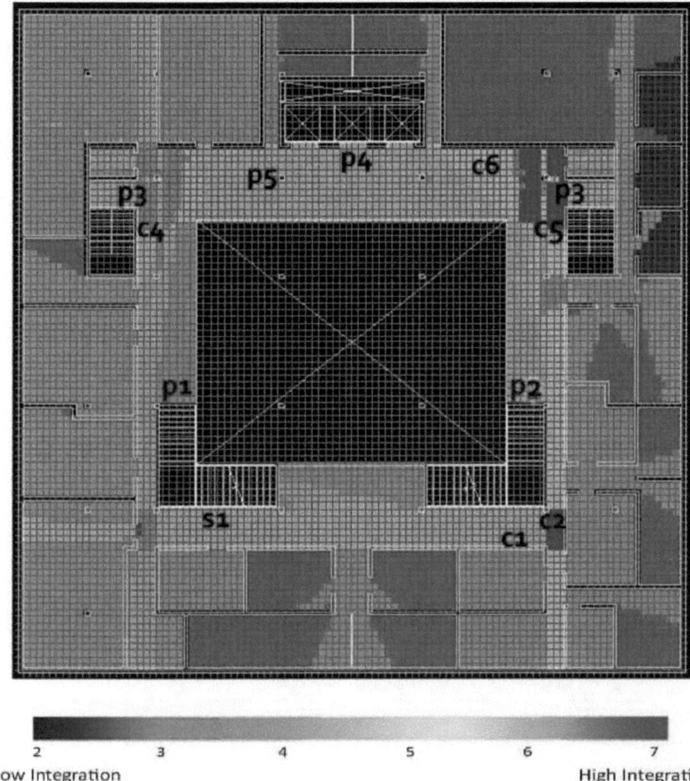

Figura 8: Gráfico de visibilidade do primeiro andar

Código	Descrição	I. V.
cl	Quadro de avisos	5.0
c2	Quadro de avisos	6.6
c4	Seta direcional	6.0
c5	Seta direcional	6.6
c6	Quadro de avisos	5.4
pl	Escada	4.2
P^2	Escada	4.5
P^3	Portas	6.6
P4	Elevadores/Elevadores	4.9
P^5	Pilares	5.0
sl	Área de espera	5.0

Quadro 12: Sistemas de orientação no primeiro andar

Embora a integração visual deste piso seja fraca em comparação com o piso térreo, todos os pontos de informação codificada têm fortes relações com as características físicas.

4.3.3Segundo andar

A ausência de qualquer tipo de informação codificada é total no segundo piso. Como ilustra a Figura 9, os seus pontos de integração mais elevados situam-se nas extremidades da varanda corta-fogo, onde se encontra a coluna P5 (IV=8,7). As portas P1 e P2 também têm valores de integração relativamente elevados, de 5,9 e 6,9. Os pequenos compartimentos na parte de trás do compartimento são os menos integrados do que o próprio compartimento.

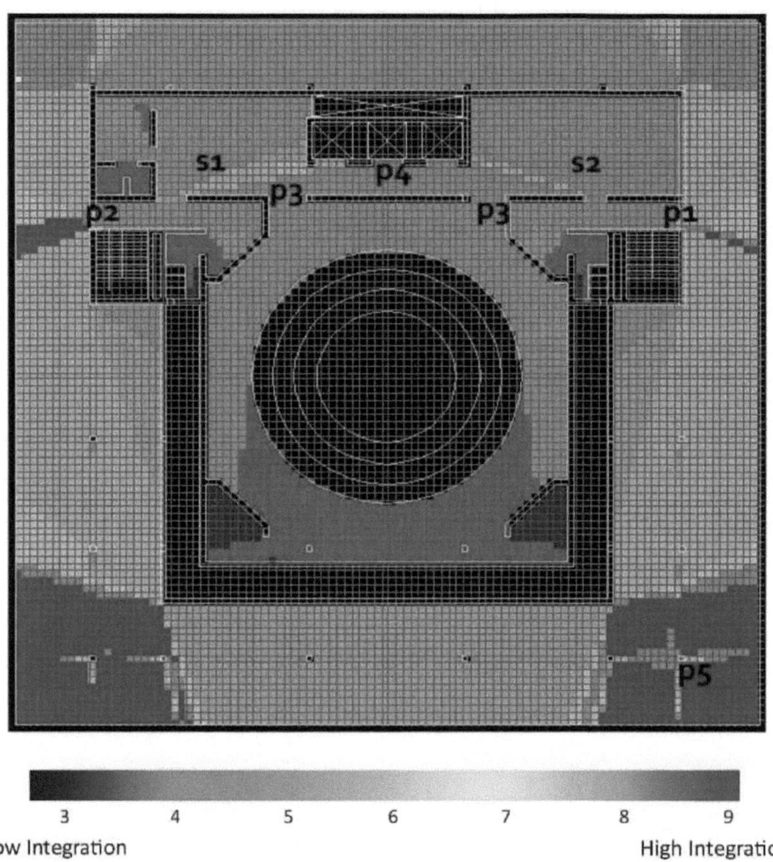

Figura 9: Gráfico de visibilidade do segundo andar

Código	Descrição	I. V.
pi	Saída de emergência	5.9
P2	Saída de emergência	6.9
P3	Portas	5.0
P4	Elevadores/Elevadores	5.2
P5	Coluna (no balcão do incêndio)	8.7
si	Área de refrescos	5.4
s2	Receção	5.4

Quadro 13: Sistemas de orientação no segundo andar

4.3.4terceiro andar

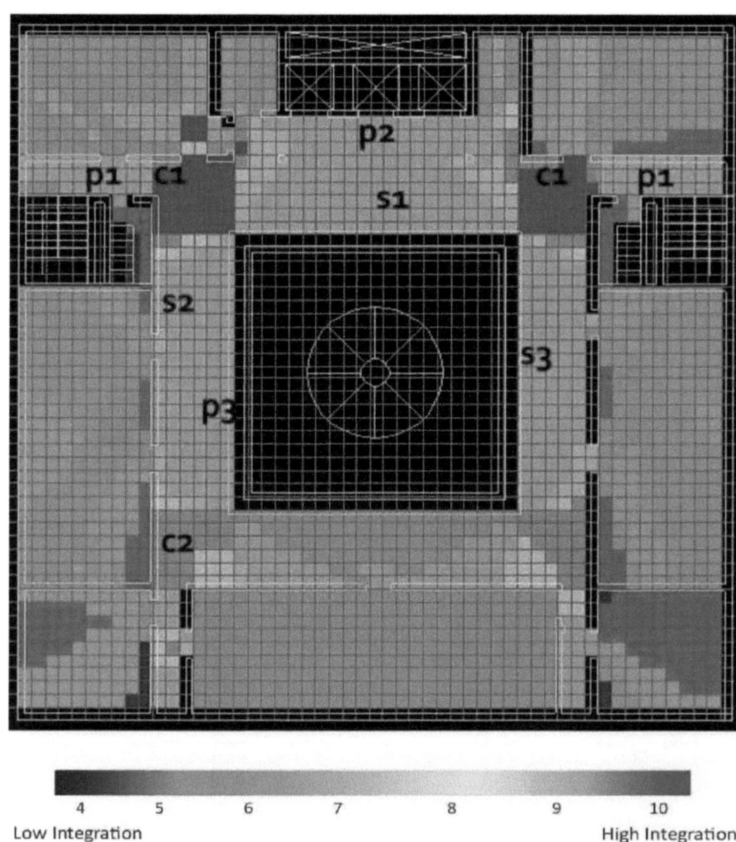

Figura 10: **Gráfico de visibilidade do terceiro piso**

Código	Descrição	I. V.
cl	Seta direcional	9.4
c2	Quadro de avisos	8.5
P[1]	Portas	6.5
P[2]	Elevadores/Elevadores	6.5
P[3]	Varanda	6.8
sl	Balcão de segurança	6.8
s2	Zona de espera	6.8
s3	Zona de espera	6.8

Quadro 14: Sistemas de orientação no terceiro andar

A figura 10 acima ilustra-o;

- As setas direccionais C1 (IV=9,4) encontram-se nos pontos integrados mais elevados e ambas as setas apontam para as portas P1 (IV=6,5).

- O quadro de avisos C2 (IV=8,5) está situado ao longo da varanda P3 (IV=6,8).

- S1 (IV=6,8) é um balcão de segurança em frente à zona dos elevadores S2 (IV=6,8) e S3 (IV=6,8) são ambas zonas de espera fora dos escritórios.

Os pontos acima referidos mostram que a informação codificada e as características físicas do terceiro andar estão fortemente ligadas.

4.3.5Quarto, quinto e sexto andares

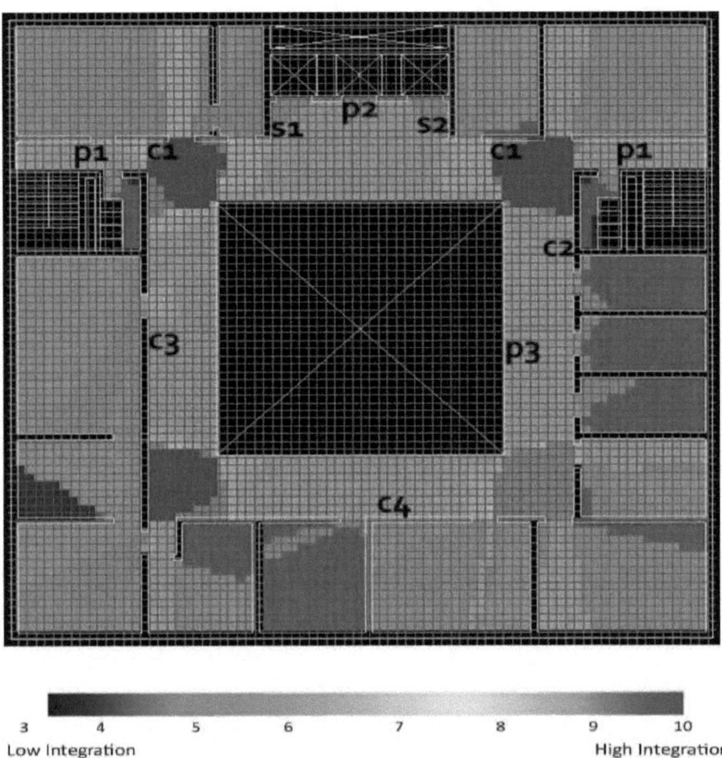

Figura 11: Gráfico de visibilidade do quarto, quinto e sexto andares

Código	Descrição	I. V.
c1	Seta direcional	9.3
c2	Quadro de avisos	6.8
c3	Quadro de avisos	6.8
c4	Quadro de avisos	6.8
p1	Portas	6.9
P^2	Elevadores/Elevadores	6.6

P3	Varanda	6.9
s1	Balcão de segurança	6.7
s2	Balcão de segurança	5.5

Quadro 15: Sistemas de orientação no quarto, quinto e sexto andares

Estes pisos são idênticos, pelo que o VGA foi executado apenas num dos pisos. A figura 11 ilustra-o;

- As setas direccionais C1 (IV=9,3) encontram-se nos pontos integrados mais elevados e ambas as setas apontam para as portas P1 (IV=6,9).

- C2 (IV=6,8), C3(IV=6,8) e C4(IV=6,8) são quadros de avisos que se enquadram na mesma escala de cores do balcão P3(IV=6,9)

- O ascensor P2 (IV=6,7) não tem qualquer informação codificada à sua volta.

- Os balcões de segurança S1 (IV=6,7) e S2 (IV=5,5) têm valores de integração relativamente baixos.

Os pontos enumerados acima mostram que as informações codificadas estão fortemente relacionadas com as características físicas destes três pisos.

4.3.6Sétimo andar

A partir da Figura 12 abaixo, o gráfico de visibilidade mostra que;

- As setas direccionais C1 (IV=8,2) apontam para as portas P1 (IV=6,9).

- Uma secretária de segurança S2 (IV=8,5) cai no ponto integrado mais alto e está localizada numa varanda.

Os pontos acima referidos mostram que as informações codificadas estão fortemente relacionadas com as características físicas do sétimo andar do edifício do Senado, tal como com os andares abaixo.

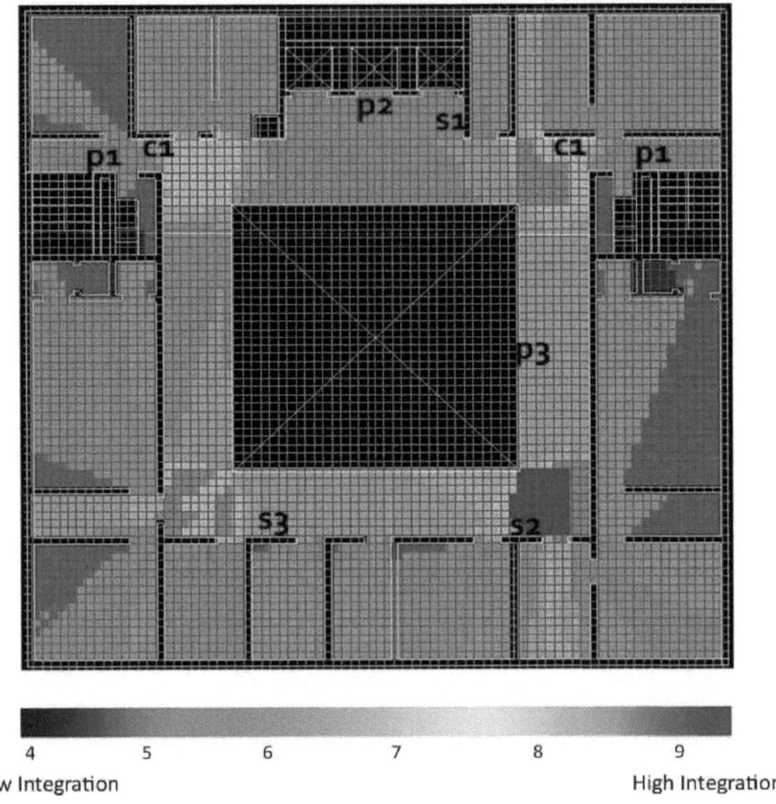

Figura 12: Gráfico de visibilidade do sétimo andar

Código	Descrição	I. V.
cl	Seta direcional	8.2
pl	Portas	6
P^2	Elevadores/Elevadores	5.8
P^3	Varanda	6.7
sl	Balcão de segurança	5.9
s2	Balcão de segurança	8.5
s3	Área de espera	6.7

Quadro 16: Sistemas de orientação no sétimo andar

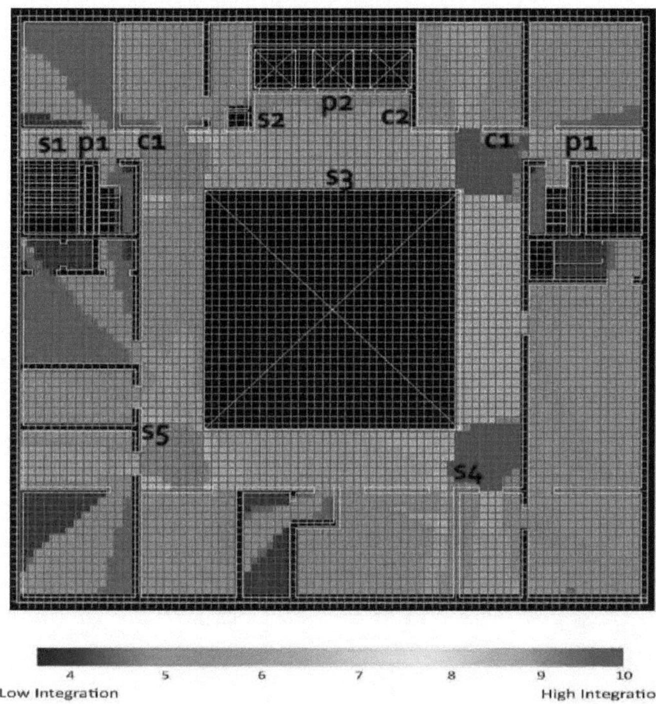

Figura 13: Gráfico de visibilidade do oitavo andar

Código	Descrição	I. V.
cl	Seta direcional	9.2
c2	Quadro de avisos	5.4
pl	Portas	6.7
P^2	Elevadores/Elevadores	6.4
sl	Balcão de segurança	6.6
s2	Balcão de segurança	5.4
s3	Balcão de segurança	6.8
s4	Balcão de segurança	9.7
s5	Área de espera	8.6

Quadro 17: Sistemas de orientação no oitavo andar

A figura 13 ilustra o que precede;

- As setas direccionais C1 (IV=9,2) encontram-se em pontos muito integrados e ambas as setas apontam para as portas P1 (IV=6,7).

- O quadro de avisos C2 (5.4) e a zona do elevador P2 (6.4) estão intimamente ligados.

- Um balcão de segurança S4 (IV=9,7) encontra-se no ponto integrado mais elevado deste piso. S5 (IV=8,6) é uma área de espera. S1 e S3 estão dentro do mesmo código de cores com um IV de 6,7.

A figura 13 acima ilustra muitos pontos de práticas sociais, a maioria dos quais são balcões de segurança, devido ao facto de este andar albergar o gabinete do vice-reitor e dos seus adjuntos. Os pontos acima enumerados provam, no entanto, que a informação codificada no oitavo andar tem uma forte ligação com as características físicas.

4.3.8 Discussão sobre a VGA do edifício do Senado

Os gráficos de visibilidade ilustrados nas Figuras 6-12 mostram uma forte relação entre a informação codificada e as características físicas do Edifício do Senado. Embora a informação codificada pareça estar em pontos mais integrados, a maior parte deles conduz diretamente a elementos físicos que os orientadores utilizarão como meios de saída de incêndio. Um resumo pormenorizado dos valores médios de integração dos sistemas/estratégias de orientação com base na conceção tripartida do conhecimento em cada um dos pisos analisados do edifício do Senado é ilustrado na figura abaixo.

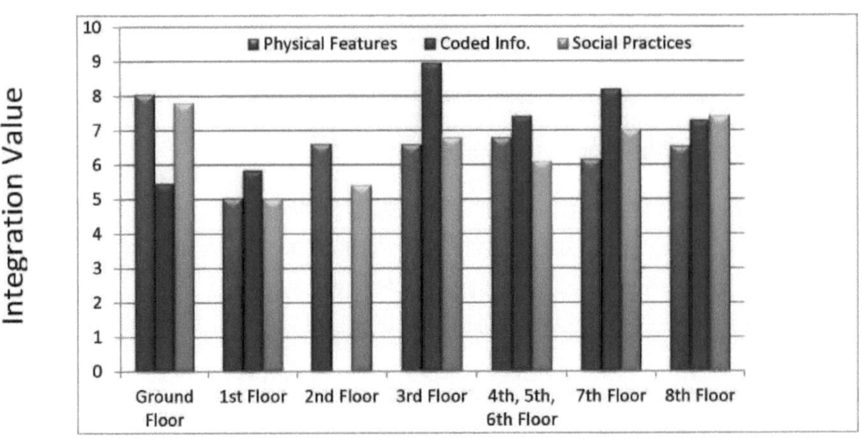

Figura 14: Gráfico de barras que mostra os valores médios de integração dos sistemas/estratégias de orientação.

4.4 DEBATE SOBRE AS PRINCIPAIS CONCLUSÕES

As subsecções 4.2 e 4.3 acima apresentaram os resultados e conclusões do inquérito por questionário e da VGA. Esta subsecção apresentará uma avaliação geral dos sistemas/estratégias de orientação de acordo com os três aspectos do conhecimento, com base nas informações obtidas a partir das observações visuais efectuadas durante o inquérito no terreno. As observações efectuadas identificaram que os sistemas e estratégias de orientação têm diferentes graus de adesão às melhores práticas e princípios de orientação da revisão da literatura. Estas observações identificaram alguns problemas associados aos sistemas/estratégias de orientação no Edifício do Senado, bem como áreas onde as melhores práticas de orientação foram postas em prática.

4.4.1 Características físicas

As características físicas e os pontos de referência num espaço bem concebido devem ser legíveis e fáceis de localizar. No rés do chão do edifício do Senado, a Figura 6 mostra as portas que conduzem à zona dos elevadores e à saída de emergência, bem como as colunas a meio do grande foyer. Estes elementos encontram-se nos pontos mais integrados do rés do chão (ver Figura 6). As grandes entradas a sudeste e noroeste do rés do chão encontram-se em pontos altamente integrados, o que as torna muito boas alternativas para a fuga/evacuação de incêndios. No entanto, estes portões estão permanentemente fechados devido a problemas de segurança. Lynch (1960) sugere que os projectistas criem regiões de carácter visual diferente. A Figura 14 mostra a diferença no padrão dos ladrilhos do chão para criar uma impressão tátil para os cegos e uma impressão visual para os utilizadores do portão nordeste que os leva diretamente para a área do elevador.

Figura 15: Diferentes padrões de ladrilho. *Fonte: Trabalho de campo, outubro de 2014.*

No segundo andar, as portas que dão acesso às escadas dos flancos estão colocadas em pontos bem integrados. A porta do lado direito está permanentemente fechada à chave para restringir o acesso ao hemiciclo. No oitavo andar, a sinalética está colocada em pontos muito integrados nas portas que conduzem ao par de escadas (ver figura 7). A porta da direita, que teria sido uma alternativa de fuga perfeita, está também permanentemente fechada à chave para restringir o acesso aos gabinetes do Vice-Reitor e dos seus adjuntos.

4.4.2Informação codificada

Passini (1984), Arthur e Passini (1992), Carpman e Grant (2002) pediram aos projectistas que procurassem ajudar nas decisões de orientação que colocassem sinais nos pontos de decisão. A partir da configuração arquitetónica do edifício do Senado, é evidente que o papel desempenhado pela informação codificada na facilitação da orientação é inestimável. Na maioria dos pisos, as características físicas primárias que servem de alternativas de fuga são facilmente localizadas com a ajuda desta informação codificada. No entanto, a maioria destas informações está mal concebida ou mal posicionada. A Figura 16 mostra uma seta direcional colocada no ponto integrado mais alto do rés do chão, com um IV de 9,2, que foi colocada demasiado baixo para ser vista a uma altura de 800 mm acima do nível do solo acabado.

Figura 16: Sinalética mal colocada. ***Fonte: Trabalho de campo em outubro de 2014.***

Como ilustrado na figura 17, as setas direccionais e as legendas colocadas em pontos de grande integração em todos os pisos estão mal concebidas. São pintadas diretamente nas paredes com tinta de emulsão vermelha não reflectora. Isto faz com que não sejam tão visíveis ou importantes como se fossem desenhadas numa superfície separada.

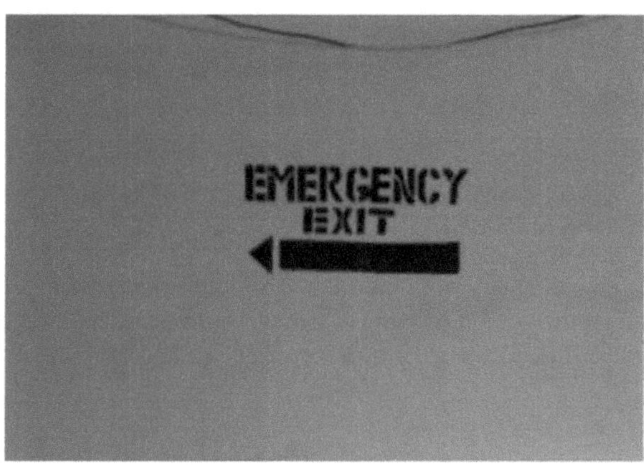

Figura 17: Sinalética mal concebida. Fonte: Trabalho de campo, outubro de 2014.

4.4.3 Práticas sociais

As práticas sociais, enquanto aspectos do conhecimento em matéria de orientação, são muito importantes, mas não se pode confiar totalmente nelas, uma vez que se pode ser induzido em erro. Normalmente, as informações sobre a navegação são obtidas junto de outros visitantes, do balcão de informações, de voluntários, etc. No edifício do Senado, os balcões de segurança nas entradas e as áreas dos elevadores são os únicos elementos deste aspeto do conhecimento que podem ser considerados fiáveis. No entanto, nem todos os pisos dispõem de posições onde se encontra o pessoal de segurança que poderia servir de guia de navegação. Com exceção do rés do chão e do oitavo andar, a maior parte dos balcões/posteiros de segurança estão frequentemente vazios.

4.5 RESUMO

Este capítulo apresentou os resultados e conclusões do inquérito por questionário e da VGA nas secções 4.2 e 4.3. A secção 4.4 apresenta uma avaliação geral dos sistemas/estratégias de orientação de acordo com os três aspectos do conhecimento, com base na informação obtida a partir das observações visuais efectuadas durante o levantamento de campo no edifício do Senado. O capítulo seguinte conclui esta investigação e apresenta recomendações.

5 RECOMENDAÇÕES E CONCLUSÕES

5.1 RECOMENDAÇÕES

As seguintes recomendações foram desenvolvidas a partir dos resultados desta investigação. Para melhorar a orientação dentro e fora das emergências de incêndio no Edifício do Senado da A.B.U. Zaria, recomenda-se que

- Todas as entradas e saídas de emergência fechadas à chave devem ser abertas. As zonas onde o acesso deve ser restringido devem ser vigiadas por seguranças. Isto será de grande ajuda para os ocupantes dos pisos com acessos bloqueados durante as emergências de incêndio.

- A sinalética e o grafismo devem ser corretamente concebidos e bem iluminados, colocados em pontos de decisão e em zonas altamente integradas, a alturas em que possam ser facilmente vistos.

- As escadas ocultas e as saídas de incêndio devem ter uma sinalização devidamente concebida que indique a sua direção.

- A direção do edifício do Senado deve tomar medidas para garantir que os balcões/posto de segurança não fiquem vagos, uma vez que os seus ocupantes são normalmente de grande ajuda para os guias.

5.1.1Recomendações para investigação futura

Nesta investigação, foram sugeridos quadros conceptuais, ferramentas aplicáveis, sistemas e estratégias para melhorar o desempenho da orientação em edifícios com vários níveis. Estas sugestões foram também avaliadas por esta investigação. Recomenda-se que os investigadores interessados realizem mais investigação para avaliar estas sugestões a uma escala mais alargada. Por exemplo:

- A investigação teve como objetivo encontrar a relação entre as características físicas e a informação codificada e saber se existem formas eficazes de gerir a informação para melhorar o desempenho da orientação, utilizando VGA e um inquérito por questionário.

Esta investigação deveria ir mais longe e correlacionar os resultados de ambas as análises, o que validaria ainda mais as conclusões desta investigação.

- A investigação destinada a analisar os quadros prescritivos de orientação com base na conceção tripartida dos fluxos de conhecimento anteriormente referida validaria ainda mais os resultados desta investigação.

- Investigação sobre a eficácia da sinalização e de outras informações codificadas na Nigéria.

5.2 CONCLUSÃO

Depois de concluída esta investigação, pode dizer-se que os juízos das pessoas e a sua capacidade de tomar decisões rápidas para navegar em ambientes complexos dependem, em grande medida, da forma como os arquitectos e os designers aumentam a inclusividade dos edifícios para todos. Também se pode concluir que o facto de se perder é uma indicação de uma má conceção dos edifícios ou dos sistemas de orientação destinados a servir de guias às pessoas. Esta investigação também permitiu compreender os conceitos de orientação e de edifícios com vários níveis a partir da literatura e provou que existe uma forte relação entre as características físicas de um edifício e as informações codificadas de orientação fornecidas.

APÊNDICES

APÊNDICE 1: FORMULÁRIO DO QUESTIONÁRIO

FORMULÁRIO DE QUESTIONÁRIO PARA PROJECTO DE B.Sc.

Olá,

Sou UMAR BELLO OBEN', estudante de Arquitetura 400L com o número de registo U10AT1007.

Estou a realizar uma investigação sobre a **melhoria da orientação em edifícios de vários andares durante emergências de incêndio**, utilizando o **edifício do Senado** como estudo de caso. Peço-lhe que preencha as informações solicitadas neste formulário de questionário. As informações fornecidas são essenciais para a conclusão bem sucedida deste estudo. Asseguro-lhe que a sua resposta será tratada de forma estritamente confidencial. Obrigado pelo vosso tempo e generosidade.

____
Signature

Gender: ☐ Male ☐ Female

User Category: ☐ Student ☐ Staff ☐ Visitor

Level: ☐ 100-300L ☐ 400-500L ☐ Post- graduate

In case of a fire/security emergency, I will find my way out of the Senate Building using;

	Strongly Disagree	Disagree	Neutral	Agree	Strongly Agree
Entrances/exits	○	○	○	○	○
Stairs	○	○	○	○	○
Lifts/elevators	○	○	○	○	○
Mechanical sounds e.g. loudspeakers, P.A. systems	○	○	○	○	○
Openings i.e. windows	○	○	○	○	○
Corridors/balconies	○	○	○	○	○
Signs/visuals	○	○	○	○	○
Bold words/letters/ captions	○	○	○	○	○
Graphics/pictures	○	○	○	○	○
Notices on boards	○	○	○	○	○
Posters	○	○	○	○	○
Route from my memory	○	○	○	○	○
Follow ABU security personnel	○	○	○	○	○
Follow others	○	○	○	○	○
Follow volunteers	○	○	○	○	○
Look for information desk	○	○	○	○	○
Follow fire-fighters	○	○	○	○	○
Follow visitors	○	○	○	○	○

OBRIGADO.

APÊNDICE 2: QUADRO DAS RESPOSTAS AO QUESTIONÁRIO

.Participant	Category	Level	Gender	R1	R2	R3	R4	R5	R6	R7	R8	R9	R10	R11	R12	R13	R14	R15	R16	R17	R18
R1	Student	100-300	F	2	1	2	4	2	2	3	3	2	1	2	4	3	4	4	4	4	4
R2	Student	PG	M	5	5	1	2	2	2	4	4	4	1	1	3	3	3	4	1	3	1
R3	Student	100-300	M	5	5	1	1	3	4	1	2	1	1	1	1	5	3	4	1	3	1
R4	Student	100-300	M	4	5	2	3	4	3	4	3	3	4	2	4	4	4	4	1	4	1
R5	Student	100-300	M	3	2	2	3	4	2	2	2	4	1	1	1	3	3	1	1	1	1
R6	Student	100-300	M	4	2	1	5	2	3	2	3	3	2	2	1	1	1	1	1	1	1
R7	Student	100-300	M	3	3	1	4	5	5	2	2	2	2	2	3	4	5	2	1	1	1
R8	Student	100-300	M	4	4	2	4	1	2	2	2	2	2	2	4	4	2	4	1	4	1
R9	Student	100-300	M	4	4	2	3	4	4	3	2	1	3	2	4	4	4	4	2	4	1
R10	Student	400-500	M	1	3	1	2	4	3	2	2	2	3	2	3	3	3	3	1	3	1
R11	Student	100-300	M	2	2	2	5	4	3	3	3	3	3	3	2	4	2	2	2	5	1
R12	Student	400-500	F	4	4	4	1	4	3	3	3	3	3	3	4	4	4	4	2	4	2
R13	Student	100-300	M	5	3	5	5	3	5	5	5	5	5	5	5	5	3	3	5	5	5
R14	Student	100-300	M	5	5	5	2	4	4	3	3	3	2	3	3	5	3	4	2	5	1
R15	Student	100-300	F	3	4	1	4	2	4	4	2	2	4	3	4	5	1	4	2	4	1
R16	Student	100-300	M	2	2	2	5	4	3	3	3	3	3	3	2	4	2	2	3	5	1
R17	Student	100-300	M	4	4	2	3	4	4	3	4	2	3	4	4	4	4	4	4	4	4
R18	Student	100-300	M	4	1	1	4	1	1	4	1	1	1	1	4	5	5	2	2	5	1
R19	Student	100-300	M	4	2	2	2	3	4	2	2	2	2	2	3	4	4	4	2	4	2

R20	Student	400-500	M	1	5	4	3	4	3	4	3	3	3	3	5	3	4	1	2	3	3
R21	Student	100-300	F	2	2	3	4	4	4	2	3	2	3	2	2	2	2	4	4	4	2
R22	Student	100-300	M	4	4	1	1	3	4	3	4	5	4	3	5	2	5	4	1	4	1
R23	Student	400-500	M	5	5	1	4	3	3	3	3	4	4	4	4	2	1	1	1	3	1
R24	Student	100-300	M	1	5	1	2	3	4	5	3	3	3	2	4	2	4	3	1	4	2
R25	Student	PG	M	5	3	1	3	2	5	5	5	5	5	5	3	3	3	4	4	2	4
R26	Visitor		M	5	5	1	5	4	4	5	1	3	2	3	3	2	4	3	2	2	1
R27	Visitor		M	5	4	2	1	3	2	2	1	1	1	1	4	3	3	3	2	4	3
R28	Visitor		F	5	5	1	3	2	2	4	4	5	1	4	4	4	1	1	3	4	1
R29	Visitor		M	4	5	2	5	4	4	3	4	5	1	2	4	2	4	2	1	2	2
R30	Visitor		F	5	4	3	4	4	5	4	3	5	1	2	4	1	4	2	1	2	1
R31	Visitor		F	5	4	1	5	4	4	5	3	4	2	3	4	1	4	3	2	3	1
R32	Visitor		M	5	5	1	5	4	4	5	1	3	2	3	3	2	4	3	2	2	1
R33	Staff		M	4	2	2	4	4	1	4	4	2	2	4	4	2	2	2	4	4	4
R34	Staff		M	4	5	1	5	4	1	3	4	4	4	4	4	5	1	3	2	3	1
R35	Staff		M	4	1	2	2	4	4	5	2	2	4	4	2	5	2	2	5	5	2
R36	Staff		M	4	4	1	1	2	4	4	3	1	2	1	2	2	4	4	2	5	1
R37	Staff		F	5	4	1	4	4	4	5	4	4	2	3	3	1	2	3	2	3	1
R38	Staff		M	4	5	2	4	1	4	4	1	4	3	3	4	2	4	3	1	2	1
R39	Staff		F	1	5	5	1	3	1	2	1	2	5	1	1	4	1	4	1	4	1
R40	Staff		M	4	5	2	4	2	2	4	1	1	4	4	2	2	4	2	2	2	2
R41	Staff		F	5	4	1	4	4	4	4	3	4	2	4	4	1	2	3	2	3	1
R42	Staff		M	4	5	1	5	1	2	2	2	2	2	2	4	4	4	4	2	4	2
R43	Staff		M	4	1	1	4	2	2	4	1	1	5	2	2	4	2	5	2	2	1
R44	Staff		M	4	2	2	4	2	2	1	4	2	4	2	2	4	2	4	2	2	2
R45	Staff		M	4	5	2	5	4	4	4	5	4	4	4	5	5	4	5	5	2	1
R46	Staff		M	4	4	2	4	2	4	3	3	1	1	3	4	1	4	2	1	1	1
R47	Staff		M	4	2	2	4	2	2	1	4	2	4	2	2	4	2	4	2	2	2
R48	Staff		F	5	4	1	4	4	3	4	4	4	1	3	3	1	2	3	2	2	1
R49	Staff		M	5	2	2	4	2	2	1	5	2	5	2	2	4	2	4	2	2	1
R50	Staff		M	4	2	2	4	2	2	1	4	2	4	2	2	4	2	4	2	2	2

REFERÊNCIAS

Abdurrahman, S. (1979). *Nova Administração e Bloco do Senado da Universidade Ahmadu Bello.* Projeto não publicado (B.Sc), Universidade Ahmadu Bello de Zaria.

Appleyard, D. (1969). "A qualidade ambiental das ruas da cidade: The Residents'Viewpoint". *Journal of the American Planning Association*, 35, pp. 84-101.

Arthur, P. e Passini, R. (1992), *Wayfinding: People, Signs, and Architecture.* Nova Iorque: McGraw-Hill.

Baskaya, A., Wilson, C. e Ozcan, Y. (2004) "Wayfinding in a unfamiliar environment. Different spatial settings of two polyclinics." *Environment and Behavior*, 36(6), pp. 839-867.

Bever, T. (1992). "The Logical and Extrinsic Sources of Modularity", p. 197-212 em M. Gunnar e M. Maratsos, eds., *Modularity and Constraints in Language and Cognition*, Minnesota symposia on child psychology, v. 25, Hillsdale, New Jersey: Lawrence Erlbaum.

Brandon, K. (2008). *Wayfinding*. Obtido em 14 de novembro de 2014 de: http://www.kellybrandondesign.com

Carpman, J. (1984). *Wayfinding in Hospitals: Solving the Maze.* Michigan: University of Michigan Press.

Carpman, J. e Grant, M. (1993). *Design that cares: Planning health facilities for patients and visitors* (2.ª ed.). Chicago: American Hospital Publishing.

Carpman, J. e Grant, M. (2001). *Design that cares.* São Francisco: Jossey-Bass Inc.

Carpman, J. e Grant, M. (2002). "Wayfinding: A Broad View", em Betchel & Churchman, eds., *Handbook of environmental Psychology,* (pp. 427-442), Nova Iorque: John Wiley & Sons.

Centro para o Desenho Universal. (1997). Wayfinding Guidelines, Compilado por Connell, B.R., Jones, M., Mace, R., Mueller, J., Mullick, A., Ostroff, E., Sanford, J., Steinfeld, E., Story, M., Vanderheiden, G. *The Principles of Universal*

Conceção. Versão 2.0. Raleigh, NC: Universidade Estadual da Carolina do Norte. Obtido em 14 de novembro de 2014 em: http://www.construction-

innovation.info/images/pdfs/Publications/Industry_publications/CRC0002_C RC_Wayfinding_Guidelines.pdf

Charleston South Carolina (2013) *Why Fires Start in Commercial Buildings (Por que os incêndios começam em edifícios comerciais).*

Recuperado em 6 de outubro de 2014 de: http://www.charleston-sc.gov/index.aspx?NID=657

Downs, R. e Stea, D. (1973). Image and Environment; Cognitive Mapping and Spatial Behaviour (Imagem e Ambiente; Mapeamento Cognitivo e Comportamento Espacial). Chicago: Aldine.

Downs, R. M. e Stea, D. (1977). *Maps in Minds: Reflectionson Cognitive Mapping.* Nova Iorque: Harper & Row

Francescato, D. e Mebane, W. (1973). "Como os cidadãos vêem duas grandes cidades. Milão e Roma". Em Down, R.M & Stea, D. (eds). *Image and Environment.* Chicago Aldire Pp. 98.

Frank, K. (2002). "Women and Environments," in Bechtel & Churchman, eds., *Handbook of Environmental Psychology*, (pp. 347-362) New York: John Wiley & Sons.

Golledge, R. G. (1999). Wayfinding behavior: Mapeamento cognitivo e outros processos espaciais. Baltimore: Johns Hopkins University Press.

Gregor, S. (2002). "A Theory of Theories in Information Systems" in Gregor, S. & Hart, D. (eds.), *Information Systems Foundations: Building the Theoretical Base*, (pp. 1-20). Universidade Nacional Australiana, Camberra.

Hajibabai, L. et al, (2006) "Agent-based Simulation for Building Fire Emergency Evacuation". *Proc. ICA workshop on Geo-spatial Analysis and Modelling, Viena,* Áustria. pp. 12.

Haq, S, e Zimring, C. (2003). "Just Down the Road Road A Piece; The Development of Topological Knowledge of Building Layouts". *Ambiente e comportamento*, 35(1), pp 132-160.

Holscher, C. e Brosamle, M.(2007). "Capturing Indoor Wayfinding Strategies and Differences in Spatial Knowledge with Space Syntax". *Actas do 6.ªh Simpósio Internacional de Sintaxe Espacial,* Istambul. pp. 1-3.

Holscher, C., Meilinger, T., Vrachliotis, G., Brosamle, M. & Knauff, M. (2005). "Finding the Way Inside: Linking Architectural Design Analysis and Cognitive Processes"', em C. Freksa, M. Knauff & B. Krieg-Brückner, *Spatial Cognition IV. Raciocínio, Ação e Interação: International Conference Spatial Cognition 2004, Frauenchiemsee, Alemanha; Lecture Notes in Computer Science,* 3343, pp. 1 - 23.

Huelat, B. J (2007). *Wayfinding: Design for Understanding*. Obtido em 4 de agosto de 2014 em: http://www.healthdesign.org/sites/default/files/WayfindingPositionPaper.pdf

Huelat, B. J. (2004). Os elementos de um ambiente de prestação de cuidados - Wayfinding.

Healthcare Design. Revista Cleveland, OH: Medquest Communications, setembro

Hunter, S. (2010) *Architectural Wayfinding* (pdf, online), Buffalo, Nova Iorque: IDeA.

INSTAABUZARIA (2014) *algures em ABU Zaria. /,* Recuperado: 18 de setembro de 2014 de: http://instagram.com/instaabuzaria

Kaplan, S. (1976). "Adaptação, estrutura e conhecimento". Em G. T. Moore & R. G. Golledge (Eds.), *Environmental knowing: theories, research, and methods,* (pp. 32-45). Stroudsberg, Pennsylvania: Dowden, Hutchinson & Ross.

Kulatunga, U. (2008). InfluenceoOf Performance Management Towards Construction Research and Development. Tese (Phd), Universidade de Salford.

Lawson, B. (1999). *The Language of Space,* Oxford: Architectural Press.

Lawton, C & Kallai J. (2002). "Gender Differences in Wayfinding Strategies and Anxiety About Wayfinding: A Cross-Cultural Comparison," *Sex Roles*, 47(9/10) , pp. 389-401.

Lawton, C (2001). "Gender and Regional Differences in Spatial Referents Used in Direction Giving", *Sex Roles* 44(5/6), pp. 321-337.

Lawton, C., Charleston, S. & Zieles A. (1996). "Individual- and Gender-related Differences in Indoor Wayfinding", *Environment and Behavior*, 28(2), pp. 204-219.

Lynch, K. (1960). *The image of the city.* Cambridge, Massachusetts: MIT Press

March, S. T., & Storey, V. C. (2008). "A ciência do design na disciplina dos sistemas de informação: An introduction to the special issue on design science research". *MIS Quarterly, 32*(4), pp. 725-730.

March, S.T. &. Smith, G.F (1995). "Design and natural science research on information technology". *Decision Support Systems*, 15, pp. 251-266.

Marczyk, Goeffrey; DeMatteo David &Festinger, David (2005), *Essentials of Research Design and Methodology* (pdf, online), New Jersey: John Wiley

Miller, C & Lewis, D. (1998). "Wayfinding in complex healthcare environments" *Information design Journal*, 9 (2-3), pp 129-160.

Mohammed, U. D. e Aina, O. K. (2014) *Business Research Methods.* Garki, Abuja: Data Publishers.

Passini, R. (1977). Wayfinding: Um estudo da resolução de problemas espaciais com implicações para o design físico. Dissertação (Phd). Universidade Estadual da

Pensilvânia.

Passini, R. E. (1984). *Wayfinding in Architecture.* Nova Iorque: Van Nostrand Reinhold.

Randolph, J. (2009). "A Guide to Writing the Dissertation Literature Review. Practical Assessment, Research and Evaluation". *Practical Assessment, Research and Evaluation* 13(14), pp. 1-13.

Raubal, M. (2001). "Human wayfinding in unfamiliar buildings: a simulation with a cognizing agent". *Cognitive Processing* 2 (3), pp. 363-388.

Rooke, C. N. (2012) Melhorar o Wayfinding em ambientes hospitalares antigos e complexos. Tese (Phd), Universidade de Salford.

Rooke, C.N., Rooke, J.A., Koskela, L. & Tzortzopoulos, P (2010a), "Using the physical properties of artefacts to manage through-life knowledge flows in the built environment: an initial exploration", Construction Management and Economics, 28(6), pp. 601-613.

Ruddle R. A., & Peruch P. (2004). "Efeitos do feedback propriocetivo e das características ambientais na aprendizagem espacial em ambientes virtuais". *International Journal of Human-Computer Studies,* 60(3), pp. 299-326.

Siegel, A. W., & White, S. H. (1975). "O desenvolvimento de representações espaciais de ambientes de grande escala". Em H. Reese (Ed.), *Advances in Child Development and Behavior*, Nova Iorque: Academic Press.

Turner, A. e Penn, A. (1999) "Making isovists syntatic: Isovist integration analysis", in *Proceedings of the 2nd International Symposium on Space Syntax* Vol. 3, Universidade do Brasil, Brasília, Brasil

Turner, A., (2004) *Depthmap 4-A Researcher's Handbook* (pdf, online), Londres: Bartlett School of Graduate Studies, UCL.

Turner, A., Doxa, M., O'Sullivan, D. e Penn, A. (2001), "From isovists to visibility graphs:a methodology for the analysis of architectural space" *Environment and Planning B: Planning and Design* 28(1) 103-121.

Vaishnavi, V.K, & Kuechler, W Jr. (2008). Métodos e padrões de pesquisa em design: Innovation Information Communication Technology. Boca Raton: Taylor & Francis Group.

van der Klipp, M. (2006). "Develop a Successful Wayfinding System," *Buildings*, 100(4) pp. 28.

Wasinda, B. C. (2009). Functionality in High-rise Office Buildings; A Case Study of the Senate Building Ahmadu Bello Uni. Zaria. Projeto não publicado (B.Sc), Ahmadu

Bello University Zaria.

Weismann, J. (1981): "Evaluating Architectural Legibility: Wayfinding in the Built Environment". *Environment and Behaviour* 12(2), pp. 189-204.

Werner. S., & Schindler, L. E (2004) "The Role of Spatial Reference Frames in Architecture: Misalignment Impairs Way-Finding". *Environment and Behaviour*, 36(4), pp. 461-482.

Wikipédia (2014). *Edifício, Vários andares.* Recuperado em 6 de outubro, 2014 de: http://en.m.wikipedia.org/wiki/building

Zainal, Z. (2007). "O estudo de caso como método de investigação". *Journal Kemanusiaan*, pp. 12.

Printed by Books on Demand GmbH, Norderstedt / Germany